101 TRUCS ET CONSEILS

Les techniques du
JARDINAGE

101 TRUCS ET CONSEILS

Les techniques du JARDINAGE

Pippa Greenwood

MANGO pratique

UN LIVRE DE DORLING KINDERSLEY

Première édition en Grande-Bretagne en 1998
par Dorling Kindersley Limited,
9 Henrietta Street, Londres

Dépôt légal : mars 1998
Traduction : Emmanuelle Lavabre
Composition, mise en pages : Studio Michel PLUVINAGE
Imprimé en Italie

ISBN 2 84270 072 4

MANGO pratique

36, rue Fontaine, 75009 Paris
Tél : 01 49 70 15 55

101 TRUCS ET CONSEILS

PAGES 8 À 11

CONNAÎTRE SON JARDIN

PAGES 12 À 19

CHOISIR DES PLANTES

PAGES 20 À 22

AVANT DE PLANTER

PAGES 23 À 31

RÉUSSIR SES PLANTATIONS

PAGES 32 À 36

ARROSER ET NOURRIR LES PLANTES

PAGES 37 À 40

DÉSHERBER

PAGES 41 À 45

LA TAILLE DES PLANTES

PAGES 46 À 50

PROTÉGER LES PLANTES

CONNAÎTRE SON JARDIN

1 TIRER LE MEILLEUR PARTI DE L'ESPACE

Pour organiser un jardin, il est essentiel de bien concevoir son projet à l'avance. Ne vous précipitez pas : faites d'abord connaissance avec le lieu – qualité du sol, climat, exposition – et avec les besoins des plantes que vous souhaitez planter. Évaluez les contraintes et soyez réalistes dans vos objectifs.

COMPAREZ
Si vous venez d'emménager, observez les jardins voisins. Vous vous ferez ainsi une idée de la composition de votre sol et des espèces susceptibles de s'y épanouir.

EFFET ÉTAGÉ
Au moment de l'aménagement de votre jardin, choisissez des plantes de différentes hauteurs. Des plates-bandes profondes et larges permettent la diversité.

2 L'ORIENTATION

Avant de commencer vos plantations, observez la topographie de votre jardin et son orientation. Est-il très ombragé ou, au contraire, exposé au soleil la majeure partie de la journée ? Est-il abrité par de grands arbres ou par des immeubles ? Repérez la course du soleil dans la journée et, si possible, sur l'année afin de choisir vos plantes en conséquence (*voir p. 12*).

EN PLEIN SOLEIL
Pavots d'Orient, digitales, glaïeuls, géraniums et œillets prospèrent dans les massifs exposés au sud, mais beaucoup de plantes préfèrent une situation plus ombragée.

3 LE CLIMAT

Les conditions climatiques constituent l'une des contraintes majeures du jardin. Sous un climat trop rude, les jeunes pousses et la plupart des plantes fragiles ou peu résistantes au gel risquent de souffrir, voire de mourir entre l'automne et le printemps. Cependant, un excès de chaleur, d'humidité, de vent, de pluie ou de sécheresse peut causer tout autant de dégâts. Renseignez-vous sur les espèces que vous aimeriez planter, afin de vous garantir contre les mauvaises surprises.

UN JARDIN EN BORD DE MER
Les vents qui soufflent le long des côtes, chargés de sel, brûlent les plantes. Les espèces grasses, à pousse lente, supportent relativement bien l'action desséchante du vent : elles sont donc les mieux adaptées au littoral.

4 LES MICROCLIMATS

On peut rencontrer des conditions de culture différentes, voire opposées, dans un même jardin. Les zones chaudes et ensoleillées (plate-bande ou mur orienté plein sud) peuvent voisiner avec des parties exposées au vent ou avec des zones ombragées. On appelle « ombre sèche » l'ombre située sous un arbre ou le long d'un mur, et « ombre humide » l'ombre située au bas d'une pente ou sous une frondaison.

▷ **OMBRE SÈCHE**
Un arbre prive d'eau et de lumière les végétaux situés à sa base. Il faut donc installer sous les arbres des espèces supportant les sols secs et ombragés.

▷ **TRAQUEZ LE GEL**
Les fonds de vallée, les creux, le bas des pentes sont particulièrement exposés au gel. Les endroits situés au pied des haies touffues ou des murs peuvent aussi être des zones sensibles.

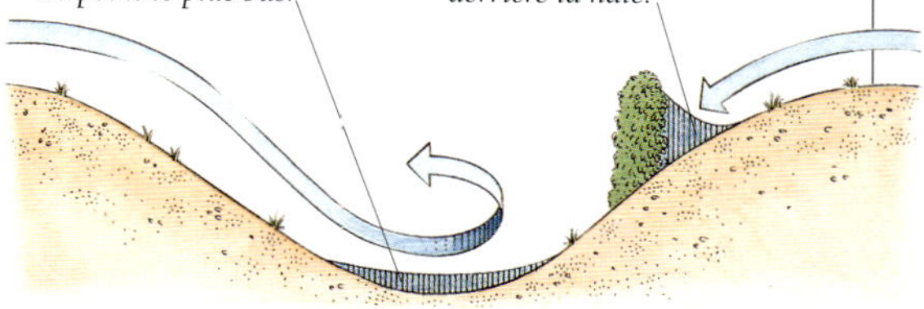

LA POLLUTION DE L'AIR
Les jardins situés au bord d'une route souffrent souvent de la pollution. Pour en réduire l'impact, plantez un écran de végétaux serrés.

◁ **LES POINTS CHAUDS**
Les zones abritées et exposées au sud sont souvent très chaudes. Les murs, notamment, retiennent énormément la chaleur et empêchent l'air frais de circuler.

◁ *Un jaune orangé révèle un sol acide.*

5 LE pH DU SOL

Avant de choisir des plantes, vous devez connaître le pH de votre sol, c'est-à-dire sa qualité acide ou calcaire. C'est un facteur très important, duquel dépendra la croissance des espèces retenues (*voir p. 12*). La mesure du pH varie de 1 à 14.

- Sol acide : pH inférieur à 7.
- Sol neutre : pH égal à 7.
- Sol calcaire : pH supérieur à 7.

Il existe des kits qui pemettent de mesurer facilement le pH du sol : il suffit de mélanger un échantillon de terre avec de l'eau et la solution chimique fournie. La couleur de l'eau indique le résultat.

▷ *Un vert vif indique une terre neutre.*

▷ *Un bleu ou un vert foncé révèle une terre alcaline.*

6 LA TEXTURE DE LA TERRE

La terre de jardin idéale est à la fois humide et bien drainée, de texture fine et friable. Malheureusement, les sols contiennent souvent trop d'argile ou trop de sable. Dans le premier cas, la fertilité est assurée mais le drainage est mauvais, aussi le sol devient-il vite détrempé. À l'inverse, une terre sablonneuse se draine facilement, est plus facile à travailler, mais elle sera moins fertile.

▷ TERRE ARGILEUSE
Une terre qui contient beaucoup d'argile a une texture lisse et collante. Elle se laisse facilement modeler lorsqu'elle est mouillée.

▷ TERRE SABLONNEUSE
De couleur claire, la terre sablonneuse est plus fluide et plus légère que la terre argileuse, mais aussi plus râpeuse et plus grumeleuse au toucher.

LA SOLUTION
Certaines plantes préfèrent les sols argileux, d'autres les sols sablonneux. Tenez compte de ces données en faisant votre sélection de plantes (voir p. 12). *Vous pouvez aussi améliorer la texture de la terre en ajoutant à cette dernière des matières organiques* (voir p. 21).

CHOISIR DES PLANTES

7 CE QU'IL FAUT SAVOIR

Votre jardin sera luxuriant si vous placez les bonnes plantes au bon endroit. Choisissez soigneusement vos plantes en fonction du sol et de l'exposition de l'endroit où vous les installerez (*voir ci-dessous*). Les variétés calcifuges (*col. 1*), c'est-à-dire qui aiment les sols acides, ne pourront se développer sur d'autres sols, tandis que les variétés préférant les terres alcalines (*col. 2*) supporteront un sol très calcaire. Prenez également connaissance des variétés qui ne tolèrent qu'une seule sorte de sol, d'exposition ou de microclimat (*col. 5 à 8*).

À CHAQUE PLANTE SON EMPLACEMENT

Sol acide	Sol calcaire	Terre sablonneuse	Terre argileuse
Arctostaphylos	Acanthe	*Abutilon* (certains)	*Aucuba*
Calluna (bruyère d'été)	*Alchemilla*	*Achillea*	Chèvrefeuille (certains)
Camellia	Anémone	*Artemisia*	Clématite
Daboécie	*Aquilegia*	Céanothe	*Cornus*
Erica (bruyère d'hiver)	*Artemisia*	Ciste	*Cotoneaster*
Fothergilla	*Bergenia*	*Cotinus*	Forsythia
Gaultheria	Campanule	*Cytisus*	*Géranium* (variétés rustiques, herbacées)
Hamamelis	Céanothe	*Elaeagnus*	Glycine (*Wisteria*)
Kalmia	Chèvrefeuille	Glycine (*Wisteria*)	Hellébore
Magnolia (certains)	Clématite	Jasmin (variétés rustiques)	*Hosta*
Nomocharis	*Fuchsia*	*Kerria*	*Kerria*
Nyssa	*Kerria*	*Laburnum*	*Laburnum*
Phyllodoce	Lilas	Lavande	Lilas
Rhododendron	*Matthiola*	*Mahonia*	*Prunus*
Vaccinium	*Pyracantha*	*Perovskia*	Rosier
	Syringa	Romarin	*Sedum*
	Tulipe	Sorbier	Seringat
	Viburnum (viorne)	*Verbascum*	*Viburnum* (viorne)
	Weigela		

ASTER NOVAE-ANGLIAE

LES PLANTES TOXIQUES
Quand vous achetez une plante, lisez bien son étiquette d'information : elle indique les risques de toxicité. Attention aux enfants et aux animaux domestiques !

LES FOUGÈRES, LES HOSTAS ET LES BERGENIAS ADORENT LES SOLS FRAIS ET HUMIDES

Ombre sèche

Alchemilla mollis
Anemone nemorosa
Aucuba
Buis
Cyclamen
Daphne laureola
Epimedium
Fusain
Ilex aquifolium et variétés (houx)
Iris foetidissima
Lonicera japonica 'Halliana'
Mahonia
Pervenche
Pulmonaire
Ranunculus ficaria et variétés
Tellima grandiflora

Ombre humide

Anemone blanda
Aucuba
Bergenia
Camellia japonica et variétés
Chèvrefeuille
Convallaria majalis
Digitale
Eranthis
Erythronium
Fritillaria (la plupart)
Galanthus nivalis
Hellébore
Hosta
Lonicera
Matteuccia
Pieris
Primevère (la plupart)
Rhododendron
Skimmia japonica

Situation ensoleillée

Achillea
Arabis
Aster
Aubrieta
Campsis radicans
Ciste
Cytisus
Eryngium
Fremontodendron
Genista
Hypericum
Iberis
Phlomis
Romarin
Santolina
Sedum
Senecio
Tamaris
Yucca

Zone ventée

Achillea
Anaphalis
Artemisia
Berberis
Choisya ternata
Crocus
Cytisus
Dianthus
Erigeron
Euonymus fortunei et variétés (fusain)
Géranium (variétés rustiques, herbacées)
Ilex aquifolium et variétés (houx)
Narcisse
Pyracantha
Rosa rugosa
Viburnum tinus

8 QUAND ACHETER LES PLANTS

Une fois que vous avez déterminé les variétés de plantes qui conviennent à votre jardin, vous pouvez passer à l'étape suivante : l'achat des plants. Sachez toutefois que certaines périodes sont plus propices que d'autres.

- N'achetez pas de plantes pendant ou juste après une vague de froid. Les mottes risquent de geler autour des racines, ce qui peut tuer même les plantes les plus résistantes.
- Attendez le printemps, ainsi vous pourrez juger de l'état de santé de la plante à son feuillage.
- Le printemps est aussi l'époque idéale pour l'acquisition des plantes vivaces, le choix étant alors plus vaste.

9 LES DIFFÉRENTES PRÉSENTATIONS

La plupart des plantes sont vendues en conteneurs, soit qu'elles aient été cultivées dans le pot lui-même, soit qu'elles aient été mises en pot juste avant la vente (*voir ci-dessous*). Les plantes à racines nues, comme les rosiers, sont cultivées en pleine terre, puis arrachées en état de repos et vendues sans terre autour des racines. Les plantes en motte ont leurs racines emballées avec un peu de terre dans une toile de jute.

Racines vigoureuses, fibreuses et bien développées

△ ARBUSTE EN POT
Les plantes cultivées et vendues dans leur conteneur prennent en général plus facilement, leurs racines étant plus développées.

◁ MISE EN FORME
La plante est cultivée à l'air libre, puis arrachée et mise en pot pour la vente.

La terre se délite lorsqu'on enlève le pot.

ACHAT PAR CORRESPONDANCE
Certaines pépinières proposent un service de vente par correspondance, ce qui permet d'obtenir auprès des producteurs des pieds ou des graines rares et originales.

10 LES PLANTES ANNUELLES

Les plantes annuelles sont des herbacées qui germent, fleurissent, produisent des graines et meurent la même année. En raison de leur durée de vie courte, il est essentiel de choisir des pieds vigoureux, sans traces de maladie (*voir p. 46*), avec des racines non décolorées, bien développées mais indépendantes du pot. La solution la plus économique consiste à acheter de jeunes plants en barquettes, en godets ou en petits pots.

△ PLANTES FAIBLES
Les tiges sont tout en longueur, les feuilles sont clairsemées, et certaines d'entre elles sont couvertes de champignons.

△ LATHYRUS ODORATUS 'JANE AMANDA'

Le feuillage est en pleine croissance, dense et vigoureux.

On remarque de nombreuses pousses.

Le terre est humide, sans mauvaises herbes ni traces de pourriture.

△ DES PENSÉES EN BONNE SANTÉ
Voici un exemple de plante annuelle parfaitement saine : le feuillage est compact et les pousses très robustes.

▽ PLANT EN GODET

Racines robustes, non congestionnées

11 LES PLANTES VIVACES

Les plantes vivaces sont généralement des herbacées qui perdent leurs feuilles et leurs tiges à la fin de l'année, « dorment » tout l'hiver et donnent de nouvelles pousses au printemps. On les trouve surtout en conteneurs. Achetez-les plutôt au printemps pour pouvoir juger de leur vitalité, reconnaissable à la présence de nombreux bourgeons et pousses. Si vous vous procurez des plantes vivaces en période de dormance, choisissez-les denses, avec un collet en bon état.

△ **CROISSANCE FAIBLE** *Le feuillage est clairsemé et la terre se délite, signe que les racines ne sont pas suffisamment développées.*

△ **PLANT COMPRIMÉ** *Les racines sont congestionnées, le feuillage maladif et décoloré.*

▷ **UN LUPIN VIGOUREUX** *Voici un exemple de vivace en excellente santé. La plante porte de nouvelles pousses, son feuillage est sain, sans traces de maladie ni de parasites.*

La pousse principale est verte et saine.

Les jeunes pousses sont robustes.

Le compost est humide, sans mauvaises herbes.

Les racines, solides, sont apparentes mais non congestionnées.

VÉRIFIEZ LES RACINES
Quand vous achetez une plante vivace, n'hésitez pas à enlever le pot pour examiner l'état des racines. Des racines blanches et fermes sont le signe d'une plante saine et vigoureuse. Inversement, des racines noircies indiquent un excès d'eau ou un déséquilibre nutritionnel.

La pointe est saine et n'a pas commencé à pousser.

La tunique est intacte.

Le plateau est ferme, et sans nouvelle racine.

12 LES PLANTES À BULBES

Les bulbes, qui sont formés de feuilles ou de bases de feuilles modifiées, sont de véritables systèmes de stockage souterrain. Ils produisent un nouveau feuillage chaque année, lequel dégénère après la floraison. On regroupe sous le nom de bulbe à la fois les rhizomes, les tubercules et les cormus, qui sont par ailleurs distincts du point de vue botanique. Vendus à la pièce ou en sachets, ils doivent tous présenter les mêmes qualités.

△ OIGNONS DE JONQUILLE SAINS
Choisissez des bulbes avec une peau intacte, sans taches ni traces de parasites, bien fermes et n'ayant pas commencé à pousser.

▷ BULBE CHÉTIF
Les bulbes à deux têtes produisent deux plantes mais, si l'un des deux est trop petit, il risque de ne pas fleurir correctement.

Ce rejeton est trop petit pour fleurir la première année.

13 LES ROSIERS

Les rosiers sont des arbustes vivaces, vendus le plus souvent avec les racines nues. On peut aussi les trouver en conteneurs : ils y sont placés pendant leur dormance et y poursuivent leur croissance au printemps (*voir p. 14*). N'achetez un rosier à racines nues que si vous pouvez le planter ou le mettre en jauge sans délai (*voir p. 22*).

◁ ROSIER CHÉTIF
Les racines de ce rosier ne pourront pas fixer la plante dans la terre, et elles captureront mal l'eau et les éléments nécessaires à sa croissance.

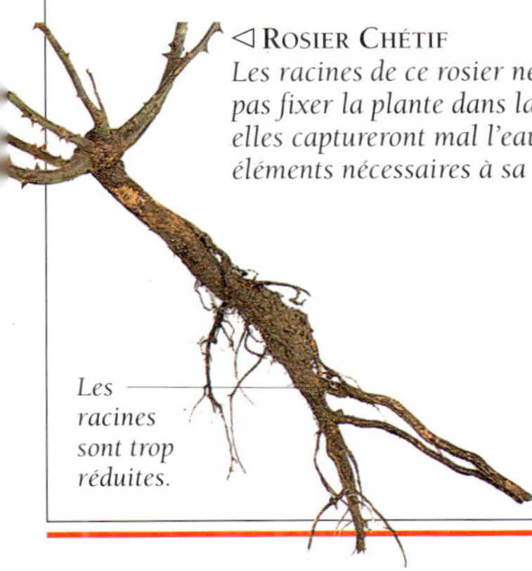

Les racines sont trop réduites.

▷ ROSIER SAIN
Les rameaux de ce rosier à racines nues sont vigoureux, correctement espacés, et ils ne se croisent pas. Les racines sont bien développées.

Les yeux sont fermes et charnus.

Les racines sont fortes, intactes et de longueur égale.

14 Les arbustes

Les arbustes sont des plantes ligneuses vivaces, à feuillage caduc ou persistant. Ils présentent fréquemment l'aspect d'un buisson à tiges multiples. On les trouve le plus souvent en conteneurs, mais on peut aussi se les procurer racines nues ou en motte (*voir p. 14*). Au moment de l'achat, vérifiez toujours, surtout en l'absence de végétation, l'état des racines. Si elles sont blanches et fermes, c'est que la plante est en bonne santé. Examinez aussi la terre : elle doit être exempte d'algues, de mauvaises herbes ou de lichens.

△ Spécimen Chétif
Ce Prostanthera cuneata aux racines congestionnées et à la ramure malingre et clairsemée n'a pu produire de pousses nouvelles ; il ne vaut guère l'investissement.

Les pousses sont bien espacées.

Le feuillage est vert et robuste.

Les racines sont nombreuses, fibreuses et fermes.

◁ Skimmia Sain
Au contraire, les tiges, les feuilles et les racines de cet arbuste sont vigoureuses, réparties harmonieusement et visiblement en bonne santé.

Démarrez Petit
Les jeunes arbustes ne sont pas seulement moins chers, ils prennent aussi plus facilement et plus vite que des arbustes développés.

15 Les arbres

Les arbres sont des plantes ligneuses vivaces, à feuilles caduques ou persistantes, le plus souvent pourvus d'une tige centrale. Ce sont les plus grands des végétaux, et ils sont dotés de la longévité la plus importante. Comme les arbustes, ils sont disponibles sous différentes formes : en pots, racines nues ou en motte (*voir p. 14*). Méfiez-vous des spécimens taillés trop courts, car les arbres n'ont pas besoin, en principe, d'un élagage important : cela peut révéler une plante malade ou convalescente.

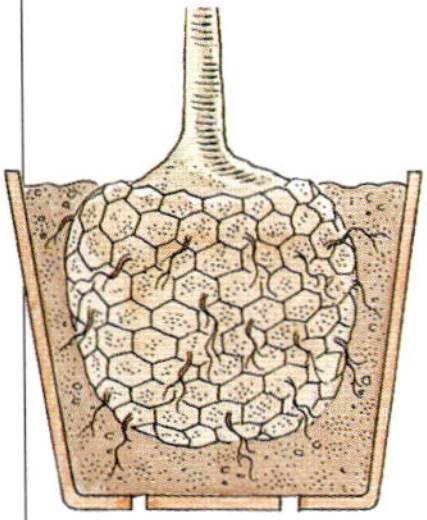

△ Racines en filet
Si vous achetez en conteneur un arbre dont les racines sont serrées dans un filet, découpez celui-ci, puis trempez la motte dans l'eau avant de planter l'arbre.

▷ Conifère en motte
Choisissez une plante dont la motte est assez grosse. Pressez la terre de la main : elle doit être à la fois compacte et humide.

La toile de jute empêche la terre de se dessécher.

16 Les graines

Quand vous achetez des graines, penser à vérifiez la date limite de vente sur le sachet. Très souvent, leur longévité ne dépasse pas un an. On peut cependant la prolonger de plusieurs années en enfermant les graines dans un sachet étanche. Stockez-les dans un endroit sec et frais, à l'abri de la lumière, car une exposition directe aux rayons du soleil risquerait de détériorer les semences. Les graines que l'on trouve en général sont des hybrides F 1. Ils sont plus chers, mais produisent des plantes de plus grande taille. Certaines graines sont vendues partiellement germées, ce qui permet aux plants de prendre plus vite.

Avant de Planter

17 Le matériel

Le jardinier débutant a de quoi se sentir perdu face à l'incroyable panoplie d'outils disponible. Toutefois, quelques éléments de base suffisent pour commencer. Vous pourrez, par la suite, compléter votre outillage. Avant d'acheter, prenez chaque outil en main pour en vérifier le poids, la taille et le confort d'utilisation.

△ ***La pelle à main*** *sert à planter et déplacer les jeunes plants.*

△ ***Le déplantoir*** *est idéal pour soulever et diviser les jeunes plants ou les bulbes.*

△ ***Le sécateur****, accessoire indispensable pour tailler et prélever des boutures.*

△ ***La fourche-bêche*** *sert à retourner la terre et diviser les plants.*

△ ***La bêche plate*** *permet de creuser le sol et de préparer la plantation des gros spécimens.*

▷ ***L'arrosoir*** *est indispensable pour arroser les semis, les jeunes plants et les plantes en pots.*

▷ ***La binette*** *permet un désherbage méticuleux et sert à tracer des sillons.*

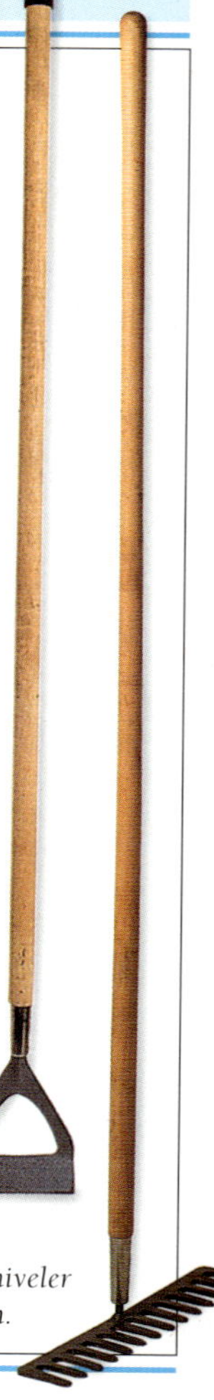

▷ ***Le râteau*** *est pratique pour nettoyer et niveler la terre avant la plantation.*

18 L'ENTRETIEN

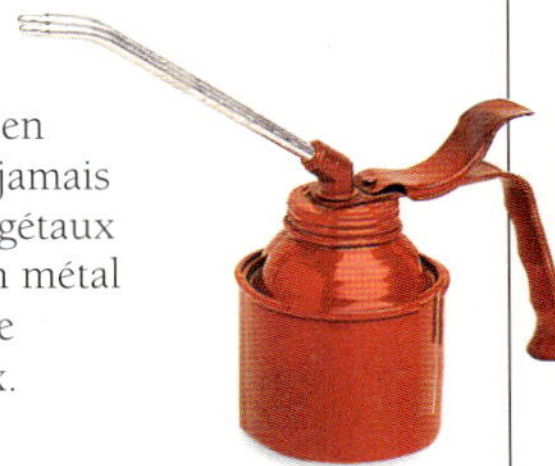

Vous garderez vos outils pendant des années si vous en prenez soin. Rangez-les dans un endroit sec, et ne les laissez jamais traîner dehors, à l'humidité. Enlevez la terre et les déchets végétaux après chaque utilisation. Graissez régulièrement les parties en métal pour prévenir la rouille. Les outils en acier inoxydable, qui ne rouillent pas, sont bien sûr plus pratiques, mais plus onéreux.

19 L'AMENDEMENT DU SOL

Bêcher et retourner la terre permet d'améliorer sa texture. Toutefois, vous mettrez toutes les chances de votre côté en amendant plus profondément le sol à l'aide de matières organiques et inorganiques, destinées à améliorer sa composition, sa capacité à retenir l'eau ou son drainage, et sa fertilité.

△ GRAVIERS

▷ SABLE GROSSIER

△ TOURBE

△ CHAUX

◁ **CHANGER LE pH**
La tourbe et ses substituts augmentent l'acidité du sol et sont bénéfiques aux terres sablonneuses. La chaux, alcaline, améliore les terres argileuses.

△ **LA TEXTURE DU SOL**
Ajoutez du sable horticole grossier et du gravier pour alléger une terre argileuse et améliorer le drainage. N'utilisez jamais de matières destinées au bâtiment.

▷ **AMÉLIORER LA TERRE**
Les matières organiques améliorent la capacité de rétention d'eau, la texture et le drainage de la terre. Vous pouvez les enterrer ou les utiliser en paillis.

△ TERREAU

△ FIBRE DE COCO

△ FUMIER

ALLÉGER LES TERRES ARGILEUSES
Bêchez les terres argileuses à la fin de l'automne. Si, pendant l'hiver, la terre labourée n'a pas été protégée du froid, le gel l'émiettera et contribuera à l'ameublir. Évitez de travailler la terre quand elle est mouillée car, en séchant, elle deviendrait très compacte.

△ ÉCORCE COMPOSTÉE

△ MATIÈRE ORGANIQUE

20 LA FABRICATION DU COMPOST

Le compost fabriqué à partir des déchets organiques de la cuisine et du jardin offre un moyen à la fois économique et efficace d'améliorer la terre. Trois à quatre mois suffisent à sa formation. Vérifiez toutefois qu'il est suffisamment décomposé avant de l'étendre. Voici la marche à suivre :

- Entassez les déchets en couches fines. Une épaisseur de 15 cm par couche est idéale ;
- Utilisez des matières variées ; humides et sèches, lourdes et légères, provenant du jardin comme de la cuisine (épluchures de cuisine, restes de taille de plantes, bouts de tissus en fibre naturelle, etc.) ;
- Retournez le compost une fois par semaine ;
- Protégez-le du froid en hiver, et arrosez-le en été.

PRÉCAUTIONS
N'utilisez pas de restes d'aliments acides ou de viande, car ils attirent la vermine. Évitez aussi les mauvaises herbes vivaces et les plantes malades. Utilisez les coupes de gazon avec modération.

BAC À COMPOST
Quel que soit le type de bac que vous choisirez, il doit permettre un accès facile au compost, quand vous aurez à le retourner ou simplement à l'enlever. Le modèle ci-contre, par exemple, est équipé d'un panneau amovible.

21 LA CONSERVATION DES PLANTES

Mieux vaut toujours planter les végétaux le plus vite possible après l'achat. S'il pleut ou si le manque de temps vous en empêche, vous pourrez garder les plantes quelques jours, mais leurs racines seront alors très vulnérables, surtout en cas de conditions climatiques extrêmes. Quant aux bulbes, ils nécessitent des soins particuliers (*voir p. 27*).

COUCHER LES ARBRES
On peut protéger provisoirement un arbre ou un arbuste à racines nues en le plaçant en biais dans une tranchée. Rebouchez bien le trou.

La tranchée doit être bien proportionnée aux racines.

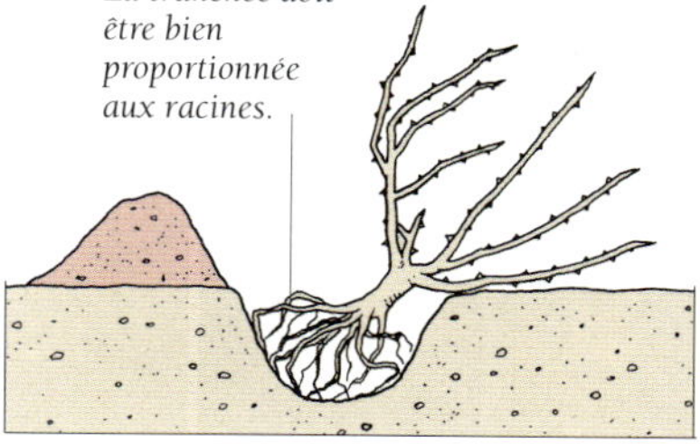

PLANTER EN POTS
Enterrez les plantes avec leur pot. La terre autour doit rester humide sans être détrempée.

Réussir ses Plantations

22 La bonne période

Les périodes idéales pour planter sont :
- L'automne et l'hiver pour les arbustes et arbres en conteneur ;
- La fin de l'automne ou, dans les régions plus froides, début du printemps pour les rosiers à racines nues ;
- N'importe quand, sauf quand le temps est excessivement chaud, froid ou sec pour les plantes vivaces ;
- Fin du printemps, début de l'été pour les plantes annuelles ;
- Dès l'achat pour les bulbes.

Plantez au bon moment.

23 Les arbustes

Pour bien faire démarrer vos plantes, adoptez la bonne technique. Attention à la profondeur du trou : on a souvent tendance à enterrer les pieds trop profondément. Assurez-vous que le niveau du trou est égal à la hauteur du pot. Si les racines sont collées au conteneur, démêlez les radicules externes et supprimez toute racine comprimée ou endommagée.

1 Creusez un trou deux fois plus gros que la taille de la motte. Arrosez-le de façon que la terre soit bien humide (l'eau cependant ne doit pas stagner).

2 Faites tremper la motte puis placez-la dans le trou à la bonne profondeur (*voir p. 25*). Comblez avec un mélange de terre souple, de compost et d'engrais.

3 Tassez la terre et arrosez-la abondamment. Paillez sur une épaisseur de 5 à 7 cm autour de la plante, sans recouvrir le collet.

24 L'intérêt du paillage

Le paillage est doublement profitable au sol : il prévient le dessèchement de la terre et empêche le retour des mauvaises herbes en les privant de lumière. Appliquez une couche de 5 à 7 cm autour des pieds au moment de la plantation, puis répétez l'opération à l'automne et au printemps. On utilise souvent du fumier ou des écorces de pin, mais vous pouvez aussi avoir recours à des matériaux domestiques.

◁ Moquette
Gardez les chutes de moquette pour les disposer autour des plants. Vous les recouvrirez d'une fine couche d'écorces de pin.

▷ Papier journal
Disposez des feuilles de papier journal mouillées autour de la plante, puis recouvrez-les d'une couche de terre.

25 Les plantes annuelles

Les plantes annuelles ont besoin d'être plantées très soigneusement. Elles consacrent toute leur énergie à fleurir le mieux possible pendant leur courte vie. Les semis sont en principe faciles à réussir, mais vous pouvez aussi acheter des plants prêts à fleurir. Arrosez et apportez de l'engrais assez souvent. Supprimez les fleurs et les feuilles fanées régulièrement.

Avant de planter
Arrosez les barquettes ou les godets avant de dépoter les plantes. Une fois dépotées, repiquez-les immédiatement.

Après la plantation
Arrosez soigneusement, puis vaporisez le feuillage avec un engrais foliaire qui stimulera la croissance.

Le Repiquage
Repiquez plutôt par temps frais ou quand l'emplacement est à l'ombre. Le début de soirée est la meilleure heure pour opérer, les racines ayant ainsi toute la nuit pour s'installer.

26 LES PLANTES VIVACES

Un massif de plantes vivaces d'une même variété est souvent d'un plus bel effet que des plantes diverses disséminées çà et là dans une plate-bande. Avant de composer un massif, tenez compte de la hauteur et de l'envergure potentielle des plantes, afin de ménager l'espace nécessaire entre elles.

CRÉER UNE PLATE-BANDE
Votre plate-bande paraîtra clairsemée au début, comblez les vides avec des bulbes ou des plantes annuelles.

COUPER POUR MIEUX FAIRE POUSSER
Si vous devez mettre en terre par temps chaud, réduisez les pertes d'eau en coupant les fleurs et les grandes feuilles.

27 À QUELLE PROFONDEUR DOIT-ON PLANTER ?

Pour la plupart des plantes vivaces, le haut de la motte doit affleurer à la surface. Toutefois, certaines préfèrent une position plus basse ou plus haute, selon qu'elles apprécient ou non l'humidité. Par exemple, les plantes à racines tubéreuses, qui se dessèchent facilement, doivent être enterrées profondément.

AU NIVEAU DU SOL
C'est la hauteur de plantation la plus fréquente : les racines sont dans la terre, et la partie aérienne de la plante est au-dessus.

PLANTATION SURÉLEVÉE
Les plantes au collet fragile et les panachées qui ont tendance à revenir à un état naturel préféreront dépasser un peu du sol.

PLANTATION SEMI-ENTERRÉE
Les plantes vivaces aiment l'humidité ; il faut donc que le haut de leur motte soit enterré de 3 cm environ.

PLANTATION PROFONDE
Les plantes vivaces à racines tubéreuses doivent être enfouies : enfoncez la motte à 10 cm sous la surface.

GARE À LA SÉCHERESSE
En zone chaude et sèche, préférez une plantation semi-enterrée ; vous aiderez la plante à lutter contre la sécheresse.

28 LES BULBES

Les bulbes apprécient en général un emplacement ensoleillé et un sol bien drainé. Ils sont d'un bel effet en massif, plutôt qu'alignés de façon rectiligne. Après la floraison, les feuilles se fanent mais, pour vous assurer d'une bonne floraison l'année suivante, ne les arrachez pas. Si vous ne voulez pas avoir de feuilles jaunies dans votre jardin, plantez les bulbes dans un panier que vous n'aurez qu'à sortir de terre après la floraison.

▽ EN GROUPE
Il est possible de mettre en terre plusieurs bulbes à la fois dans le même trou. Non seulement vous gagnerez du temps, mais vous obtiendrez un effet plus naturel, surtout si vous plantez un nombre impair de bulbes dans chaque trou.

◁ UN PAR UN
Plantez chaque bulbe dans un trou de la profondeur voulue (voir ci-dessous). *Recouvrez de terre et tassez avec précaution.*

1 Creusez un grand trou dans la terre, préparée au préalable. Disposez les bulbes, pointe vers le haut, à égale distance les uns des autres (*voir ci-dessous*).

2 Une fois tous les oignons installés, recouvrez-les de terre avec précaution, à la main, en nivelant le sol.

3 Tassez doucement la terre avec le dos du râteau. Évitez de tasser avec les pieds ; vous pourriez endommager les pointes des bulbes.

29 LA PROFONDEUR DU TROU

La profondeur du trou dépend de la grosseur du bulbe : en général, les bulbes sont enfoncés de trois à cinq fois leur hauteur. Si dans votre région les hivers sont très froids, ou les étés particulièrement secs, enterrez-les un peu plus profondément. Espacez-les d'une distance représentant la largeur de deux à trois bulbes. Si vous les mettez dans un panier, la partie supérieure de celui-ci doit juste affleurer à la surface.

30 TERRAINS SECS ET TERRAINS HUMIDES

Les bulbes n'aiment pas les terrains lourds ou trop humides. Inversement, si la terre est trop sèche, ils fleurissent mal et peuvent même mourir.

Selon que le sol a besoin d'être drainé ou au contraire de retenir l'eau, une petite couche de graviers ou de compost au fond du trou remédiera à cet inconvénient.

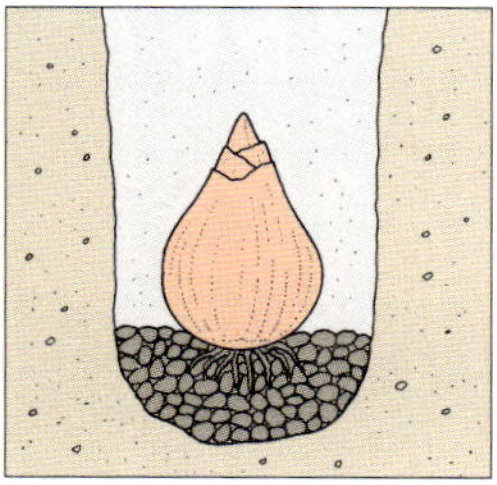

◁ TERRAIN HUMIDE
Une couche de 3 cm de gravillons dans le trou améliore le drainage.

▷ TERRAIN SEC
Une couche de 4 cm de compost au fond du trou retient l'humidité.

31 STOCKER LES BULBES

Essayez toujours de planter les bulbes le plus vite possible. Si le temps n'est pas favorable ou si vous décidez de changer vos bulbes de place sans attendre la saison prochaine, stockez-les dans un endroit sec et frais, à l'abri du gel (au garage ou dans la serre par exemple).

ÉTIQUETEZ
Pour éviter toute confusion, mettez chaque espèce dans un sac, sur lequel vous noterez le nom et la variété des bulbes.

1 Lorsque le feuillage commence à jaunir, sortez les oignons à la fourche et placez-les dans des récipients étiquetés.

2 Débarrassez les bulbes de leur terre, supprimez les écailles et les feuilles mortes. Jetez ceux qui sont malades ou abîmés.

3 Disposez les bulbes sur une grille, espacés les uns des autres et laissez-les une nuit. Puis, passez-les au fongicide et rangez-les.

32 PLANTER UN ROSIER À RACINES NUES

La meilleure époque pour planter un rosier est la fin de l'automne. Toutefois, surtout si l'hiver est froid dans votre région, vous pouvez le mettre en terre au début du printemps. Plantez-le aussitôt que possible après l'achat, ou sinon abritez le pied du rosier en attendant (*voir p. 22*). Vérifiez toujours l'état des racines : si elles paraissent desséchées, mettez-les à tremper pendant une heure ou deux. Supprimez les racines desséchées, abîmées, malades ou mortes, et réduisez d'un tiers environ les plus longues et les plus épaisses.

1 △ Avant la mise en terre, supprimez les tiges malades, mortes ou abîmées, rabattez celles qui se croisent ou partent tout en longueur. Les rameaux doivent être à égale distance les uns des autres.

2 ▷ Placez une baguette en travers du trou, tenez le rosier au centre, et étalez les racines. Le bourrelet de greffe doit être à 3 cm en dessous de la baguette. Recouvrez de terre, tassez et arrosez.

33 PLACER UN TUTEUR

Lors de la mise en terre, il est parfois nécessaire de tuteurer un arbre ou un gros arbuste, notamment pour le protéger du vent (*voir p. 49*).
Préparez la terre (*voir p. 23*), puis placez le tuteur dans le trou, du côté du vent, avant de planter l'arbre.
Pour les arbres en motte, qui doivent être mis à tremper avant la plantation, procédez à l'inverse : disposez d'abord l'arbre, puis le tuteur dans le trou.

1 ◁ Enfoncez le tuteur juste à côté du milieu du trou, puis sortez l'arbre de son conteneur et démêlez les racines.

2 ▷ Placez l'arbre dans le trou, contre le tuteur. Étalez les racines, vérifiez le niveau à l'aide d'une baguette. Rebouchez, tassez et arrosez.

34 LES PLANTES GRIMPANTES

On fait souvent l'erreur d'installer les plantes grimpantes trop près d'un mur ou d'une clôture, privant ainsi les racines du bénéfice de la pluie. Or, les plantes grimpantes redoutent en général les sols secs. Comptez donc 30 à 45 cm entre le trou de plantation et le support de la plante. Placez le support à 30 cm au-dessus du sol et à 5 cm du mur ou de la clôture.

△ CLÉMATITE 'BEES JUBILEE'

1 △ Préparez un grand trou, ameublissez la terre au fond et ajoutez un peu de compost.

2 △ Placez la plante dans le trou. Posez une baguette pour visualiser le niveau du sol.

3 △ Étalez les racines, rebouchez avec un mélange de terre, compost et engrais. Tassez bien.

4 △ Choisissez 4 ou 5 pousses. Plantez un tuteur pour chacune. Fixez les tuteurs au mur et liez les pousses.

5 △ À l'aide d'un sécateur, supprimez les tiges faibles, abîmées ou mortes autour des tiges centrales.

6 △ Arrosez généreusement. Paillez sur une épaisseur de 5 à 8 cm, en évitant de toucher les tiges.

35 PALISSER UNE PLANTE GRIMPANTE

Si certaines plantes grimpantes, comme la vigne vierge ou le lierre de Virginie, s'accrochent toutes seules, la plupart ont besoin d'un support (treillis, grillage ou fil de fer) pour pousser sur une base verticale. Tout dépend de la taille et du poids de la plante. Pour que le support soit solidement fixé, utilisez des agrafes ou du fil de fer inoxydable.

▽ TREILLIS
C'est la solution idéale pour les plantes légères ou peu volumineuses. Fixez le treillis sur des tasseaux munis de charnières, de façon à garder l'accès au mur.

△ GRILLAGE
Un réseau de fils de fer ou de plastique, fixé au mur à l'aide de cavaliers ou d'agrafes en U, convient aux plantes grimpantes annuelles ou légères.

△ FIL DE FER GALVANISÉ
Ce fil de fer robuste, maintenu à l'aide d'un piton, est indispensable pour les plantes vigoureuses et lourdes.

36 PLANTER ENTRE LES PAVÉS

Quelques plantes disséminées çà et là apportent vie et couleur à la cour ou au patio, tout en limitant le retour des mauvaises herbes. Enlevez les dalles ou les pavés abîmés et installez de petits arbustes à la place. Vous pouvez aussi semer des graines dans les interstices entre les pierres ou les briques d'un muret.

◁ AU PATIO
À la place d'une dalle, déposez un mélange de terre, de compost et d'engrais, puis plantez.

▷ SUR LA TERRASSE
Les couleurs subtiles et la forme arrondie des plantes cassent l'enchaînement linéaire des dalles de pierre.

37 Déplacer une plante

Si vous constatez qu'une plante donne des signes de faiblesse, n'hésitez pas à la déplacer. Elle peut se plaire mieux ailleurs. Les pieds jeunes et de petite taille sont bien sûr plus faciles à transplanter. Plantes vivaces, bulbes et rhizomes peuvent être divisés et replantés facilement (*voir p. 54-56*). Opérez de préférence au printemps ou à l'automne, en évitant les périodes de grand froid ou de sécheresse intense. Les arbustes bien établis doivent être transplantés en automne.

Transplanter un Arbuste

Il est en principe facile de déplacer un jeune arbuste dormant, mais s'il s'agit d'un individu établi, il faudra prélever une grosse motte de terre avec les racines. Préparez toujours le nouveau trou avant d'arracher la plante.

1 △ Dessinez un cercle à la bêche un peu au-delà de la verticale des branches.

2 △ Creusez une tranchée le long du cercle, puis dégagez doucement la souche à la fourche.

3 △ Soulevez la souche à la bêche, en coupant les racines gênantes si nécessaire.

4 △ Déposez la souche sur un carré de toile de jute, relevez-en les bords et attachez-les soigneusement.

5 △ Transportez le pied ainsi enveloppé dans son nouvel emplacement, préalablement préparé.

6 △ Enlevez doucement la toile et replantez l'arbuste selon la méthode habituelle (*voir p. 23*).

Arroser et Nourrir les Plantes

38 Savoir arroser

Pour donner le meilleur d'elles-mêmes, les plantes ont besoin d'un arrosage approprié. Un arrosage adapté évitera également le gaspillage. Si le sol est très sec, arrosez-le d'abord légèrement, pour éviter que l'eau ne ruisselle, puis arrosez de nouveau la terre humidifiée. Évitez d'opérer aux heures chaudes, en milieu de journée : vous risqueriez de brûler les plantes et de favoriser le développement de maladies.

◁ À l'Aide d'un Pot
Pour arroser une grande plante, enterrez à proximité un pot troué pour le drainage et remplissez-le d'eau.

▷ Avec un Tuyau d'Arrosage
Arrosez la base de la plante. Ne dirigez jamais le jet directement sur le pied.

39 Pour économiser l'eau

1 Utilisez des granulés d'argile : ils absorbent l'humidité puis la restituent ensuite à la terre.
2 Recueillez l'eau de pluie : installez un tonneau ou tout autre grand récipient à la verticale d'une gouttière. Veillez régulièrement à la propreté du récipient.
3 Récupérez l'eau de rinçage. Évitez l'eau de la salle de bain, car elle contient des détergents qui peuvent être nocifs pour les plantes.
4 Améliorez le pouvoir de rétention d'humidité de la terre, surtout si elle est très sablonneuse, par l'apport de matières organiques (*voir p. 21*) et l'utilisation du paillage (*voir p. 24*).
5 Lorsque le temps est particulièrement chaud, déplacez les pots vers un coin plus ombragé du jardin.
Utilisez des jardinières avec réservoir d'eau, de type Riviera®.

40 Les plantes fragiles

Certaines plantes ont besoin d'un arrosage fréquent :

- Les annuelles, dont les racines sont peu profondes.
- Les spécimens récemment plantés ;
- Les semis et les jeunes plants ;
- Les légumes feuillus et les légumes verts en général, les arbres fruitiers, de la floraison à la récolte, les bambous ;
- Des arbustes comme le camélia ou le rhododendron, dont les bourgeons se forment à la fin de l'été pour fleurir le printemps suivant.

CAMÉLIA
Arrosez bien les camélias en été pour avoir une belle floraison l'année suivante.

41 Pourquoi fertiliser les plantes ?

Les plantes cultivées ont en général besoin d'un apport complémentaire d'éléments indispensables à leur croissance. Le tableau ci-dessous indique les principaux éléments nutritifs nécessaires, selon les plantes et les terrains. Il en existe beaucoup d'autres, de moindre importance mais également bénéfiques.

PLANTES, SOLS ET ÉLÉMENTS

Élément	**Pour quelle plante ?**	**Pour quelle terre ?**	**Signes de carence**
Azote	Toutes les plantes, surtout celles cultivées pour leur feuillage.	Toutes les terres après une culture intensive, surtout les sols pauvres.	Feuilles décolorées et croissance chétive.
Phosphate	Toutes les plantes, surtout les bulbes et les jeunes plants.	Toutes les terres après une culture intensive, surtout les sols pauvres ou sablonneux.	Racines faiblement développées donnant une plante rabougrie.
Potasse	Toutes les plantes, surtout celles à fleurs ou à fruits.	Toutes les terres, surtout celles qui ont reçu un engrais hyperazoté ou du fumier.	Floraison et fructification faibles, peu de résistance au froid.
Magnésium	Toutes les plantes, le magnésium étant l'un des constituants principaux de la chlorophylle.	Sols sablonneux, acides, humides, ou ayant subi un apport excessif de potasse.	Taches jaunes ou brunes sur le bord des feuilles ou entre les nervures.
Fer	Toutes les plantes, surtout celles qui aiment les terres acides (comme le rhododendron).	Toutes les terres, surtout celles à pH élevé (présence de chaux, de calcaire ou de craie).	Jaunissement entre les nervures des feuilles, surtout au début de la croissance.

42 LES DIFFÉRENTS TYPES D'ENGRAIS

Les engrais sont vendus sous différentes formes. Choisissez un mélange adapté aux besoins de vos plantes, en fonction de l'époque de l'année où vous allez traitez. Tenez compte aussi de la taille de votre jardin et du temps dont vous disposerez. Arrosez largement après l'utilisation, pour que la plante puisse bien absorber les éléments apportés.

▷ PASTILLES À DIFFUSION LENTE

GRANULÉS
Jetez les granulés à la volée sur toute la surface, ou autour du pied des plantes (voir p. 36).

◁ GRANULÉS

43 LES ENGRAIS DE BASE

La plupart des plantes ont besoin d'apports réguliers en azote pour leur croissance, en potassium pour leur floraison et leur fructification, et en acide phosphorique pour la vigueur de leurs racines. Les autres fertilisants permettent de compenser des carences spécifiques ou de répondre aux besoins particuliers de certaines plantes. Les engrais organiques sont en général plus volumineux et moins concentrés que les produits chimiques. En revanche, ils contribuent souvent à améliorer la texture de la terre.

△ ***La poudre d'os**, riche en phosphates, présente l'avantage d'un diffusion lente et d'un pH élevé.*

◁ ***Le sulfate de potasse** possède une teneur en potassium élevée. Il est à appliquer sur les parterres de fleurs en automne et au début du printemps.*

△ *Recueillez les cendres des feux de bois, c'est une bonne source d'apport en potassium.*

▷ ***Le sulfate d'ammoniaque** est à base d'azote concentré. En fin de saison, il faut l'utiliser avec modération.*

▽ **LES ENGRAIS LIQUIDES OU SOLUBLES**
Pour un effet rapide, vous pouvez utiliser un engrais dilué, que vous appliquerez en principe sur les racines, parfois sur les feuilles.

△ ENGRAIS SOLUBLE

◁ ENGRAIS LIQUIDE

△ BÂTONNETS

△ PASTILLES

△ **LES BÂTONNETS ET LES PASTILLES**
Enfoncez les bâtonnets et les pastilles dans la terre ou le compost, autour du pied des plantes.

△ ***Ce mélange de poisson**, de sang séché et de poudre d'os est un engrais concentré, composé d'azote (N), de phosphate (P) et de potassium (K).*

△ ***Les champignons** décomposés apportent de nombreux éléments, tout en améliorant la texture de la terre argileuse.*

△ ***Le fumier** est une excellente source d'apport en azote et en oligoéléments.*

▽ ***L'extrait d'algues liquide** contient les trois éléments N, P, K. Il faut l'appliquer sur la terre ou directement sur les feuilles.*

44 LA MEILLEURE PÉRIODE

Les opérations de fertilisation doivent coïncider avec la pleine croissance des plantes. Attention à ne pas intervenir trop tard dans la saison : des pousses tardives pourraient apparaître, qui seraient détruites par les premières gelées.

La fréquence des apports dépend du type d'engrais utilisé et des besoins des plantes. Évitez de fertiliser par temps chaud, sec ou trop humide.

45 DU BON USAGE DE L'ENGRAIS

Le mode d'application dépend du type d'engrais utilisé (*voir p. 34*). Lisez attentivement les indications du fabricant : le dosage du produit et la fréquence d'application sont essentiels à la réussite de l'opération. Utilisez un arrosoir réservé à cet usage, portez des gants et évitez d'inhaler la poudre ou les vapeurs de fertilisant.

ENFOUIR L'ENGRAIS
Étalez les granulés d'engrais au pied de la plante, puis enfoncez-les dans le sol à l'aide d'une fourche à main, en faisant attention de ne pas blesser les racines. Arrosez généreusement.

46 LA FERTILISATION DES SEMIS

Si vous trouvez que vos semis ont l'air chétif, le compost utilisé manque peut-être d'éléments nutritifs. Au cas où vous ne pouvez les repiquer immédiatement, appliquez un engrais foliaire sur les feuilles et les racines. Traitez les semis avec précaution, car ils sont très fragiles.

LA BONNE TECHNIQUE
Appliquez l'engrais à l'aide d'un petit arrosoir ou d'un vaporisateur. Veillez à ne pas détrempez les semis.

47 L'ENTRETIEN DES PLANTES À BULBES

Peu exigeantes, les plantes à bulbes ne requièrent en général qu'un minimum de soins pour refleurir d'une année sur l'autre. Il suffit de les arroser et de leur apporter un peu d'engrais, surtout lorsque les variétés sont acclimatées, ou les oignons en place depuis longtemps. Cependant, un engrais foliaire, appliqué sur les feuilles après la floraison, apporte à la plante assez de réserves pour qu'elle offre une belle floraison l'année suivante.

LES FEUILLES JAUNIES
Laissez les plantes à bulbes faner naturellement. Ne coupez pas les feuilles avant six semaines, pour ne pas priver la plante de ses réserves.

L'ENGRAIS FOLIAIRE
Après la floraison, tous les 15 jours environ, appliquez cet engrais à l'aide d'un arrosoir muni d'une pomme d'arrosage. Renouvelez l'opération pendant environ six semaines, jusqu'à ce que le feuillage jaunisse et meure.

Désherber

48 Pourquoi désherber ?

Il est indispensable de supprimer régulièrement les mauvaises herbes dès le début du printemps. En effet, elles privent les autres plantes d'eau, de lumière et de leurs réserves nutritives. Elles ont tendance à envahir et coloniser tout le jardin. Agissez vite, avant qu'elles n'aient eu le temps de produire des graines.

Une Bordure Fleurie
Les plantes de cette plate-bande soigneusement entretenue sont épanouies : elles n'ont pas à lutter pour leur survie contre les mauvaises herbes.

49 L'apparition des mauvaises herbes

Il existe de multiples moyens d'empêcher les mauvaises herbes de proliférer dans votre jardin : l'un des plus efficaces consiste à les priver de lumière, élément indispensable à leur croissance.

Une plantation serrée ou le paillage systématique de la terre autour des plantes empêche leur développement à condition d'avoir arraché soigneusement au préalable les adventices vivaces ou annuels.

Paillis de Graviers
Une couche de 5 cm de gravier empêche les mauvaises herbes de pousser.

Les Couvre-Sols
Certaines variétés de plantes recouvrant bien le sol peuvent aussi être efficaces.

Pour le Compost
Ne gardez pas les herbes ayant déjà produit des graines, ni les plus tenaces, pour faire du compost. Même hachées, elles risqueraient de repartir et de recoloniser le jardin.

50 LE MATÉRIEL POUR DÉSHERBER

Quelques outils de base vous seront fort utiles pour entretenir votre jardin et en éliminer efficacement les mauvaises herbes. Il est souvent nécessaire d'opérer à la fois un désherbage chimique et un désherbage manuel. La plupart des outils présentés ci-contre servent au désherbage manuel, leur forme étant adaptée aux types de plantes à arracher et à leur emplacement.

◁ ***Outil à lame courbe****, réservé au désherbage entre les dalles et les pavés.*

▽ *Fixée à l'arrosoir, cette rampe vous aidera à épandre les désherbants liquides.*

▷ ***La sarcleuse*** *est particulièrement pratique pour arracher et couper les mauvaises herbes.*

◁ ***La binette*** *permet d'éliminer les mauvaises herbes sans abîmer les autres plantes.*

◁ ***Une houe*** *étroite facilitera le désherbage entre les oignons.*

▷ *Utilisez une gouge pour arracher les herbes comme les pissenlits ou les pâquerettes.*

LE SARCLAGE
Passer la raclette sur le sol, autour des plantes, pour supprimer les mauvaises herbes annuelles.

51 DÉSHERBER À LA MAIN

Il est important de désherber régulièrement, au bon moment et avec l'outil adéquat. Voici les règles d'or d'un désherbage efficace :

- Retirez toujours les mauvaises herbes avant qu'elles ne produisent des graines ou, de préférence, avant même qu'elles ne fleurissent ;
- Arrachez le plus de racines possible, car beaucoup d'herbes se régénèrent à partir de bouts de racine ou de tige laissés en terre ;
- Pour les surfaces importantes, commencez par couper les têtes des fleurs ; cela empêchera les graines de pénétrer dans le sol.

52 LES DÉSHERBANTS CHIMIQUES

Les désherbants chimiques offrent une solution pratique là où le désherbage manuel est trop difficile ou trop fatigant. Ils sont disponibles en bombe, en poudre soluble dans l'eau, en gel et en solution liquide. Lisez attentivement les instructions du fabricant sur l'emballage, et respectez les consignes de sécurité.

LE GEL
Appliquez un gel au pinceau là où le désherbage à la main ou avec un vaporisateur risquerait d'abîmer les plantes voisines.

DÉSHERBANT LIQUIDE
Pour le traitement des chemins, des allées et de la cour, appliquez ce désherbant avec un arrosoir muni d'une rampe.

AGIR AU BON MOMENT
Les désherbants chimiques sont surtout efficaces lorsque les mauvaises herbes sont en pleine croissance. Opérez par temps calme car le vent risque de propager le poison sur les autres plantes, et par temps sec car la pluie dilue le produit et en diminue l'effet.

53 DÉSHERBER UNE FRICHE

Désherber une surface en friche de grande taille nécessite, en général, le recours à la méthode manuelle et à la méthode chimique. Si la quantité de mauvaises herbes est importante, utilisez un désherbant total, à base de glyphosate. Une seule application n'est pas toujours suffisante. Attendez alors que la végétation commence à repousser, puis traitez de nouveau.

◁ LE DÉFRICHAGE
Arrachez les grandes herbes et les plantes broussailleuses avec une fourche. Enlevez les parties aériennes ainsi que le plus de racines possible.

▷ LA PRÉVENTION
Pour empêcher la repousse, couvrez la zone défrichée d'une bâche de plastique noir.

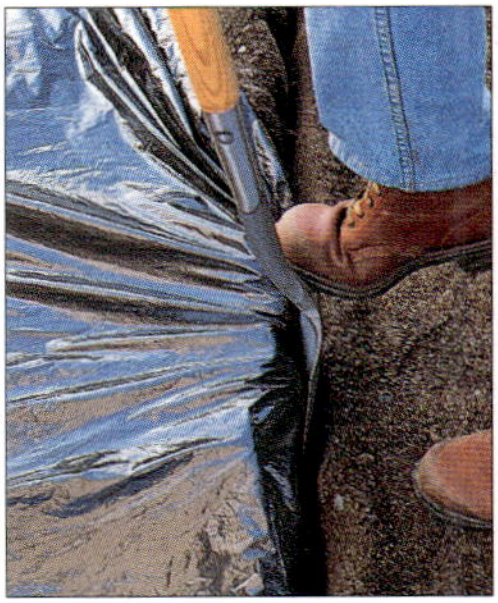

54 LES PRINCIPALES MAUVAISES HERBES

Les mauvaises herbes annuelles poussent, fleurissent, produisent des graines et meurent la même année. Leur croissance étant rapide, il faut intervenir sans tarder, avant qu'elles ne se reproduisent. Les herbes vivaces, elles, survivent d'une année sur l'autre. Beaucoup possèdent des racines épaisses, qui leur permettent de persister même lorsque la partie aérienne de la plante est détruite. Pour s'en débarrasser totalement, il faut extraire toutes les racines ou utiliser un désherbant.

PLANTES ANNUELLES

▷ ***Le cresson sauvage*** *se développe vite. Sarclez ou arrachez-le et paillez avant qu'il ne se reproduise.*

◁ ***Le séneçon*** *pousse en un temps record. Sarclez ou arrachez-le à la main avant l'apparition des graines, puis paillez la zone atteinte.*

▷ ***Le mouron blanc*** *est capable d'étouffer les plants de petite taille. Sarclez ou arrachez-le à la main avant l'apparition des graines, et paillez.*

◁ ***Les orties annuelles*** *doivent être arrachées avant la production de graines. Traitez la zone avec un déserbant tel que le glyphosate.*

PLANTES VIVACES

▷ ***La prêle****, avec ses racines profondes, est difficile à arracher. Traitez avec un désherbant total.*

◁ ***Le liseron*** *est capable de se régénérer à partir d'une simple tige souterraine ou d'un morceau de racine. Bêchez le sol à plusieurs reprises, et traitez au glyphosate.*

▷ ***Le chiendent****, à cause de ses racines rampantes, se montre particulièrement envahissant. Arrachez-le à la fourche, étouffez-le avec un plastique noir ou traitez à l'herbicide.*

◁ ***L'Oxalis corymbosa*** *possède des petits cayeux à la base, qui se divisent pour donner de nouveaux plants. Arrachez-les au printemps ou traitez au désherbant.*

LA TAILLE DES PLANTES

55 POURQUOI FAUT-IL TAILLER ?

La taille est bénéfique aux plantes à bien des égards. Elle permet bien sûr de leur donner une belle forme et de contrôler leur envergure, mais elle encourage également la croissance, la floraison et la fructification. Par ailleurs, elle réduit les risques de maladie ou d'invasion par les insectes. Pour l'élagage des grands arbres ou la suppression des grosses branches, mieux vaut vous adresser à un spécialiste.

OSMANTHUS DELAVAYI

56 LES OUTILS

Il existe toute une panoplie de cisailles et de sécateurs, adaptés aux différents types de plantes à tailler. Entretenez soigneusement vos outils, surtout la lame, qui doit rester propre et bien affûtée pour ne pas blesser les tiges.

△ *Un bon couteau suffit parfois pour les coupes légères.*

◁ ***Le sécateur** à deux mains est utile pour les branches hors de votre portée.*

▽ ***La scie à taille** est utilisée pour les branches d'un diamètre de plus de 3 cm. Choisissez un modèle à dents pointues en acier trempé.*

▽ *Choisissez des gants épais et résistants pour protéger vos mains.*

▽ ***Le sécateur** coupe les tiges et les rameaux jusqu'à 1 cm de diamètre.*

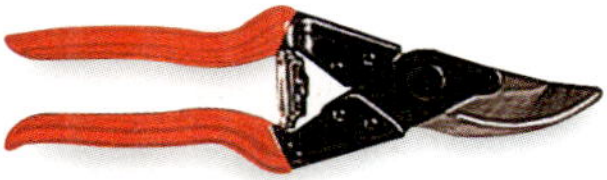

◁ ***Les cisailles** sont utilisées pour les haies et les topiaires.*

57 La taille des arbustes

La saison de la taille dépend de l'époque de floraison de la plante et de l'âge des rameaux portant les fleurs. En règle générale, si l'arbuste fleurit dans la deuxième moitié de l'été, taillez-le en hiver ou au début du printemps. S'il fleurit plus tôt, taillez-le tout de suite après la floraison.

1 Coupez au sécateur les rameaux morts, malades ou abîmés, jusqu'à ce que vous atteigniez le bois sain.

2 Supprimez un cinquième du vieux bois, en le rabattant entre 5 et 8 cm du sol.

3 Taillez sans hésiter toutes les pousses maigres, chétives ou croisées situées au ras du sol.

La Saison de la Taille

Hiver ou début du printemps		Après la floraison	
Abutilon (certains)	*Fuchsia* (variétés rustiques)	*Buddleia alternifolia*	Lilas
Buddleia davidii	*Hydrangea*	Cognassier	*Magnolia* (certains)
Caryopteris	*Lavatère*	*Cotoneaster*	Rhododendron
Céanothe	*Prunus triloba*	*Deutzia*	*Ribes sanguineum*
Ceratostigma	*Spirée* (certaines)	*Exochorda*	Seringat
Cotinus	Tamaris	*Forsythia*	*Spirée (certaines)*
Forsythia		*Kerria*	*Weigelia*

58 L'angle d'incision

Il est très important de pratiquer le bon angle de coupe sur un rameau. Si celui-ci porte des pousses alternées, vous devez couper en biseau. S'il porte des pousses opposées, coupez-le à angle droit. Tailler trop près ou trop loin d'un œil peut être tout aussi préjudiciable à la plante.

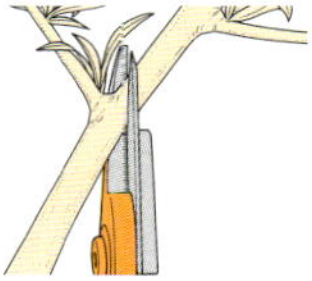

Coupez en biseau les rameaux ayant des pousses alternées ; taillez au-dessus d'un rameau extérieur.

Coupez à angle droit les tiges ayant des pousses opposées ; taillez juste au-dessus de la pousse.

59 La taille des rosiers

Les rosiers ont tous besoin d'être taillés régulièrement, le plus souvent entre l'automne et le printemps, pour donner une belle floraison. Voici les principes de base, à adapter aux différents types de rosiers : par exemple, un rosier buisson n'a pas les mêmes exigences qu'un rosier grimpant. Pour des informations plus détaillées, adressez-vous à un horticulteur.

ROSIER 'LITTLE WHITE PET'

◁ **Une Taille Régulière**
Supprimez régulièrement les pousses faibles et les branches transversales, et rabattez les rameaux longs.

Les Rosiers Négligés
Une taille sévère sur un rosier négligé pendant des années risque de lui être fatale. Si vos rosiers n'ont pas été taillés régulièrement, répartissez l'opération sur un ou deux ans.

△ **Une Pousse Faible**
Supprimez les rameaux morts, malades, faibles, de travers ou abîmés pour éviter la propagation de l'infection et redonner de la vigueur.

△ **Les Branches Transversales**
Supprimez les rameaux qui se croisent, car ils gênent la circulation de l'air et peuvent favoriser les maladies.

▷ **Où Couper ?**
Coupez la branche en biseau au-dessus d'un rameau bien vigoureux, dirigé vers l'extérieur.

60 Régénérer les plantes grimpantes

La plupart des plantes grimpantes aiment qu'on les taille. Elles sont moins lourdes pour leur support, restent bien proportionnées et fleurissent mieux. En règle générale, taillez les variétés à floraison tardive en hiver ou au début du printemps et les autres après la floraison.

△ **Supprimez le Vieux Bois**
Les rameaux anciens, d'un bois trop dur, donnent rarement de belles fleurs. Coupez-les à ras du sol et ne gardez que les nouvelles pousses.

▷ **Tailler un Chèvrefeuille**
Les branches du chèvrefeuille s'enchevêtrent inextricablement si on ne supprime pas les rameaux morts ou abîmés sous les pousses nouvelles.

Gardez le Contrôle
Taillez régulièrement vos plantes grimpantes afin de leur éviter un développement anarchique. Prenez garde qu'elles n'endommagent murs, gouttières ou toitures.

61 Rabattre les plantes vivaces

Il est nécessaire d'intervenir régulièrement pour garder des plates-bandes propres et nettes. En automne ou au début de l'hiver, après la floraison, coupez les pousses à ras et supprimez les tiges et les feuilles mortes ou fanées. Dans le cas des plantes semi-rustiques, laissez la partie aérienne en place pour éviter que la souche ne gèle. Coupez seulement au retour des beaux jours.

Nettoyer vos Bordures
En automne ou à l'entrée de l'hiver, coupez à l'aide d'une cisaille les tiges mortes des plantes vivaces (ici, un Rudbeckia) à ras ou juste au-dessus des pousses nouvelles.

Pendant l'Hiver
L'hiver, certaines plantes vivaces gardent un beau feuillage, voire des fleurs ou des graines. Coupez-les seulement au printemps.

62 TAILLER UNE HAIE

Taillez avec précaution les premières années, afin de favoriser une croissance régulière. Une fois la plante établie, taillez-la régulièrement pour qu'elle conserve sa forme. Une cisaille à main suffit la plupart du temps. Toutefois, vous préférerez peut-être une cisaille électrique, à la fois plus commode et plus rapide, pour les haies de grande taille.

▷ CISAILLE À MAIN
Pour obtenir une ligne de dessus parfaitement horizontale, gardez les deux lames de la cisaille parallèles à la ligne de la haie.

FAIRE REPARTIR UNE HAIE
Une taille sévère est parfois nécessaire dans le cas d'une haie longtemps négligée ou devenue trop importante. Coupez d'abord d'un côté, puis de l'autre côté l'année suivante.

▷ CISAILLE ÉLECTRIQUE
Décrivez un large mouvement de balayage, tout en maintenant la lame parallèle à la haie. Portez des lunettes de protection.

Coupez les tiges aux fleurs fanées avec un bon sécateur.

63 COUPER LES FLEURS FANÉES

Vous devez supprimer les fleurs fanées des rosiers, des plantes annuelles et de la plupart des plantes vivaces pour stimuler la production de fleurs nouvelles, ou même, dans certains cas, provoquer une remontée. Pincez les tiges souples à la main et coupez les plus rigides au sécateur. Les cisailles sont utiles pour rabattre les géraniums en fin de saison.

ÉTÊTER LES ROSES
Dès que les roses se fanent, rabattez les tiges au niveau d'une pousse vigoureuse ou d'un œil tourné vers l'extérieur.

PROTÉGER LES PLANTES

64 LES MALADIES COURANTES

Vous devez être capable d'identifier les maladies des plantes les plus courantes, afin de pouvoir les traiter sans retard. Les soins apportés à la terre et aux plantes suffisent souvent à prévenir l'apparition des maladies. Si vous utilisez un fongicide, choisissez le bon.

▷ ***Rouille** : enlevez les feuilles tachées, puis vaporisez la plante au fongicide. Taillez régulièrement pour favoriser la circulation de l'air, et évitez de mouiller le feuillage.*

△ ***Monilia** (champignon) : supprimez les feuilles atteintes par ces taches noires, puis vaporisez la plante au fongicide. Veillez à la bonne croissance de la plante.*

▽ ***Botrytis** (champignon) : supprimez les parties infectées, vaporisez la plante au fongicide, puis taillez-la pour améliorer son aération.*

△ ***Oïdium** ou mildiou : supprimez les feuilles, les tiges ou les fleurs touchées, puis vaporisez au fongicide. Taillez, paillez et arrosez la plante régulièrement.*

▷ ***Hernie du chou** : brûlez les plantes atteintes. Améliorez le drainage du sol, apportez de la chaux et désherbez parfaitement.*

◁ ***Les virus** : contenez l'épidémie en brûlant les plantes malades et en détruisant les insectes porteurs de la maladie. Désinfectez les outils.*

65 LUTTER CONTRE LES PARASITES

Les insectes peuvent causer de graves dégâts, mais l'utilisation d'un insecticide adapté permet en général de les éradiquer. Les solutions biologiques, qui consistent à introduire des prédateurs ou des insectes se nourrissant de parasites, sont également efficaces.

◁ **Limaces et escargots** : *ramassez-les, puis parsemez le sol de granulés ou de poudre antilimaces, puis introduisez des nématodes (vers).*

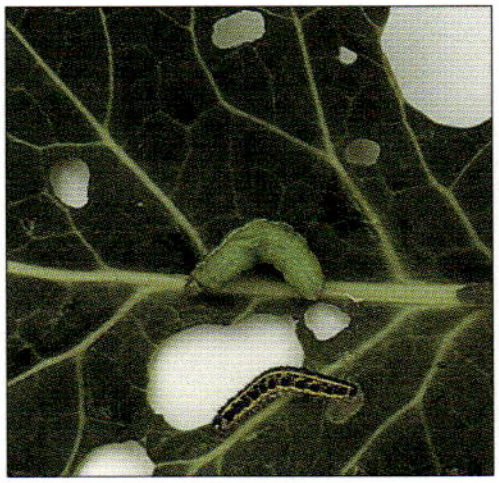

▷ **Perce-oreilles** : *faites un piège en plaçant, à côté de la plante, un pot de fleur rempli de paille et retourné sur un tuteur. Ramassez les insectes et détruisez-les. Vaporisez la plante à l'insecticide.*

△ **Chenilles** : *enlevez les insectes, taillez les tiges et les feuilles abîmées. Vaporisez avec un pesticide, le pyréthre par exemple.*

△ **Charançons** : *enlevez les insectes et les larves, puis introduisez un ver prédateur, car les insecticides chimiques ne sont pas efficace.*

▷ **Araignées rouges** : *pulvérisez un pesticide ou introduisez le prédateur du parasite, le Phytoseiulus persimilis.*

◁ **Pucerons** : *traitez les plantes à l'insecticide, ou encore à l'eau savonneuse. Introduisez des insectes prédateurs, comme les coccinelles* (voir p. 48).

▷ **Altises** *(puces de terre) : traitez les feuilles et, si nécessaire, la terre au pesticide. Nettoyez soigneusement le sol.*

66 LES DIX TRUCS À CONNAÎTRE

1 Achetez des plantes de qualité, plantez-les au bon endroit et dans une terre adaptée et bien préparée (*voir p. 12*).

2 Respectez les distances de plantation : les plantes trop serrées sont plus sujettes aux maladies, par manque d'aération.

3 Envisagez un schéma de plantation : certaines associations de plantes peuvent permettre de réduire les attaques d'insectes.

4 Arrosez et fertilisez soigneusement afin de favoriser une croissance vigoureuse.

5 Taillez la plante de manière à ce que la base et les rameaux soient suffisamment aérés pour prévenir l'humidité. Supprimez les tiges malades.

6 Respectez les règles d'hygiène : nettoyez les conteneurs à l'eau chaude savonneuse, brûlez ou jetez les déchets végétaux.

7 Arrosez graines, semis et jeunes plants à l'eau du robinet plutôt qu'avec de l'eau de pluie.

8 Favorisez la venue des insectes utiles, mangeurs de pucerons et autres parasites, comme les coccinelles, les fourmis-lions, les syrphes, les araignées et les mille-pattes.

9 Pratiquez, si possible, la rotation des cultures au potager pour éviter une accumulation de problèmes au même endroit.

10 Inspectez vos plantes régulièrement, intervenez immédiatement au moindre signe.

67 LES ABRIS CONTRE LE VENT

Le vent et, bien sûr, les tempêtes peuvent causer de gros ravages au jardin : feuillage jauni, fané, et même mort des plantes. Plantez des arbres et des haies de protection, ou installez un coupe-vent acheté dans le commerce. Choisissez des espèces résistantes (*voir p. 12*) : les plantes à feuilles petites et épaisses supporteront mieux le vent que les plantes à feuillage large ou fin.

COUPE-VENT PROVISOIRE
Les jeunes plantes craignent tout particulièrement les effets du vent. Protégez-les à l'aide d'un double filet coupe-vent, fixé par des tuteurs.

LES COURANTS D'AIR
N'installez pas vos abris et serres de jardin trop près d'autres constructions : le vent s'engouffre dans les couloirs et abîme les plantes.

68 LES TUTEURS

△ **TUTEURER UN ARBRE**
Piquez un tuteur vertical lors de la plantation. Fixez-le à l'arbre en ménageant un espace.

TUTEURS DOUBLES
En région très ventée ou pour les arbres de plus de 4 m de haut, mettez deux tuteurs l'un à côté de l'autre.

Beaucoup de plantes ont besoin d'être maintenues en place par un tuteur, surtout dans les endroits très aérés. Les arbres se portent mieux si l'opération a lieu lors de la plantation. Enfoncez un seul tuteur sur une profondeur de 60 cm. Après deux ans, les racines seront assez fortes pour que vous puissiez l'enlever.

△ **TUTEUR INCLINÉ**
Dans certains cas, on place le tuteur après la plantation. Installez-le alors en biais, afin de ne pas abîmer les racines.

▽ **LES PLANTES**
Les tiges hautes et les fleurs en épi ont souvent besoin d'un support. Attachez-les à une baguette, sans serrer, avec de la ficelle ou du fil prévu à cet usage.

69 LA CHALEUR

Les températures élevées sont parfois fatales aux plantes. Elles provoquent le dessèchement de la plante elle-même, mais aussi celui du sol : les feuilles se racornissent, fanent, et les éléments nutritifs se font rares.

Si la région ou l'emplacement connaissent de fortes chaleurs (*voir p. 10*), préférez bien sûr des espèces adaptées à la sécheresse et à l'ensoleillement (*voir p. 12*). Apportez les matières organiques qui aideront la terre à conserver son humidité.

◁ **COUVREZ**
Protégez les jeunes plantes du soleil. Un pot de fleur retourné, par exemple, est très efficace.

▷ **HUMIDIFIEZ**
Par temps chaud et sec, mouillez le sol de la serre pour abaisser la température et accroître le taux d'hygrométrie.

70 LE GEL

Le gel est l'un des ennemis majeurs de la végétation, surtout pour les jeunes plantes. Ses effets sont particulièrement à craindre à l'entrée de l'hiver, puis au début du printemps, lorsque les plantes démarrent tout juste leur croissance. Ne placez que des plantes rustiques dans les zones exposées au gel (*voir p. 10*), et ne fertilisez pas trop tard en automne afin de ne pas stimuler la croissance.

◁ ENVELOPPEZ LES POTS
Vous pouvez protéger une plante du froid en enveloppant le pot avec de la toile de jute, du plastique bullé ou du papier journal, que vous attacherez à l'aide d'une ficelle.

▷ PROTÉGEZ LES ROSIERS
Par temps froid, formez un monticule de terre - ou de compost si la terre est trop lourde - autour des rosiers, sur une épaisseur de 10 à 15 cm.

71 LA NEIGE

La neige peut causer des dégâts importants, surtout lorsqu'elle s'accompagne de gel. Elle oblige les haies, les arbres et les arbustes à se courber sous son poids, ce qui provoque des déformations importantes ou casse les branches. Intervenez avant qu'il ne soit trop tard : avec une brosse, enlevez quotidiennement la neige des branches, avant l'apparition du gel. Couvrez les petites plantes d'une cloche ou de papier journal. En cas de fortes chutes de neige, utilisez un châssis spécialement conçu à cet effet.

PROTÉGEZ VOS HAIES
Taillez vos haies en pente légère, de façon à ce que la neige glisse et ne puisse causer de dommages.

LA PROTECTION DES ARBRES
Attachez ensemble les branches des arbres à forte ramure, comme les conifères, avec du fil de fer galvanisé. Vous empêcherez ainsi la neige de s'accumuler et protégerez du même coup vos arbres contre le vent.

MULTIPLIER LES PLANTES

72 UNE ACTIVITÉ GRATIFIANTE

Multiplier ses propres plantes est un des aspects les plus gratifiants du jardinage. Que vous utilisiez au départ des graines de votre jardin ou des semences données par vos amis, vous pourrez enrichir vos plantations à peu de frais.

Les semis constituent la méthode de multiplication la plus courante, mais vous pouvez faire des divisions de plants existants, prélever des boutures et réaliser des marcottes.

UNE FLORAISON DÉBORDANTE

73 LE MATÉRIEL

Les semis, ainsi que certaines boutures, ont besoin de chaleur dans les premiers temps. Il existe pour cela des bacs chauffants, qui permettent de maintenir les cultures à température stable. Les cloches et les châssis dits froids sont utilisés pour acclimater au plein air les jeunes plants cultivés en serre.

▽ BAC À SEMIS CHAUFFANT
Le système permet de démarrer très tôt une large palette de cultures.

△ UNE MINI-CLOCHE IMPROVISÉE
Si vous ne disposez pas d'un bac à semis, vous pouvez couvrir vos plantations d'un sac en plastique transparent, puis les acclimater progressivement en ménageant des ouvertures dans les coins du sac.

74 LES SEMIS EN TERRINE

La terrine permet de contrôler au mieux les conditions de culture avant de repiquer les jeunes pousses en pleine terre, ce qui est surtout utile pour les plantes semi-rustiques et les espèces exigeantes. Vous pouvez conserver les terrines dans la serre, dans un bac chauffant, sous abri ou à la maison. L'époque des semis varie d'une espèce à l'autre : lisez les indications sur le sachet.

1 Tamisez le substrat pour le semis au-dessus de la terrine et arrosez. Dispersez les graines de façon régulière à l'aide d'un papier plié en deux.

2 Recouvrez d'une fine couche de terreau tamisé, puis d'une fine couche de sable. Étiquetez et conservez à la température voulue.

3 Une fois les plants assez forts pour être manipulés, prélevez-les à l'aide d'une fourchette en les maintenant par leurs feuilles.

75 LES SEMIS EN PLEINE TERRE

Beaucoup de plantes peuvent être semées directement en place, en particulier les plantes annuelles et un grand nombre de fleurs des champs ; elles seront très faciles à cultiver de cette manière. Une fois l'opération terminée, notez soigneusement le nom et l'emplacement des semis.

PLANTES POUVANT ÊTRE SEMÉES EN PLEINE TERRE

Adonis aestivalis	*Echium lycopsis*
Amaranthus caudatus	*Gypsophila elegans*
Brachycome iberidifolia	*Iberis umbellata*
Calendula officinalis	*Linaria maroccana*
Centaurea cyanus	*Nemophila menziesii*
Clarkia elegans	*Nigella damascena*
Convolvulus tricolor	*Papaver rhoeas*

1 Ratissez la terre soigneusement désherbée, et arrosez en pluie. Dessinez des lignes de semis avec du sable, puis semez les graines le long de ces lignes.

PROTÉGEZ VOS SEMIS
Placez un grillage sur vos semis pour empêcher les animaux d'y accéder. Une plaque de verre aidera à préserver l'humidité nécessaire aux plus fragiles.

Tenez les jeunes plants par les feuilles.

4 Repiquez les plantules dans des godets ou dans une terrine. Laissez-les pousser et prendre de la force avant de les mettre en pleine terre.

2 Recouvrez doucement de terre avec un râteau, puis veillez à maintenir la terre propre et humide. Par la suite, éclaircissez les plants selon les distances de plantation indiquées sur l'étiquette.

76 LES GRAINES POTAGÈRES

Si vous ne disposez pas d'un jardin assez grand pour installer un vrai potager, vous pouvez mettre quelques plantes potagères entre les fleurs d'une plate-bande ornementale. Avant de semer, préparez la terre par des apports d'engrais et de matière organique, puis arrosez et fertilisez régulièrement vos semis. Diluez un fongicide à base de cuivre dans l'eau d'arrosage pour prévenir les maladies dues à un excès d'humidité, et pratiquez la rotation des cultures. Tenez toujours compte des besoins particuliers des légumes : ils sont indiqués sur les sachets de graines.

1 △ Tendez une ficelle entre deux tuteurs, puis tracez un sillon bien droit le long de la ficelle.

2 △ Semez quelques graines dans le sillon, recouvrez de terre, puis tassez très doucement avec le dos du râteau.

▷ **UN POTAGER AU JARDIN**
Faites un semis plus serré pour une utilisation optimale de l'espace, mais faites attention aux mauvaises herbes.

LES CULTURES EN POT
Les poivrons, les tomates et les concombres poussent très bien en pot ou en godet sur la terrasse. Les laitues préfèrent les jardinières.

77 LA DIVISION DES PLANTES VIVACES

La division est sans doute le procédé de multiplication le plus simple et le plus économique. Elle vous permet d'obtenir plusieurs nouveaux plants parfaitement vigoureux à partir d'une touffe mère déjà établie, et aussi de régénérer la touffe elle-même en coupant les pousses mortes ou chétives et en supprimant les mauvaises herbes entre les racines. Pour les plantes vivaces, opérez à la fin de l'automne ou au début du printemps, en évitant les conditions climatiques extrêmes. Si la terre est très lourde, attendez le printemps.

LES PLANTES VIVACES À DIVISER
Achillea
Aconitum
Adenophora
Aster (certains)
Astilbe
Astrantia
Campanula (certaines)
Coreopsis
Crambe cordifolia
Dicentra
Doronicum
Helianthus
Helleborus orientalis
Hemerocallis
Heuchera
Hosta
Liatris
Lychnis
Lythrum
Nepeta
Ophiopogon
Phlox
Physostegia
Polemonium
Primula (certaines)
Pulmonaria
Saponaria
Scabiosa caucasica
Sedum spectabile et variétés
Thalictrum
Trollius
Veronica

1 △ Dégagez puis soulevez la motte à la fourche. Cette plante est à moitié morte au milieu, mais les parties périphériques donneront plusieurs nouveaux plants.

2 △ Divisez doucement la touffe en deux, à la main : vous sentirez vous-même à quel endroit opérer. Assurez-vous que chaque partie a un système radiculaire sain.

▽ **À LA FOURCHE**
Pour les petites plantes vivaces à racines fibreuses, vous parviendrez plus facilement à diviser les touffes en utilisant deux petites fourches placées dos à dos.

▷ **À LA BÊCHE**
Divisez les plantes à racines charnues et épaisses au printemps, à l'aide d'une bêche plate. Veillez à ce que chaque section comporte plusieurs bourgeons.

▽ **LA TECHNIQUE**
Soulevez la motte à la fourche, puis séparez la touffe à la main. Pour bien voir où diviser la plante et quelles parties conserver, brossez la terre des racines ou passez la touffe sous l'eau.

3 △ Repiquez immédiatement les parties divisées : coupez les feuilles vieilles, trop grandes ou abîmées afin de réduire les pertes en eau, puis mettez en place, tassez et arrosez.

78 LA DIVISION DES RHIZOMES

Les plantes à rhizomes épais et charnus sont en principe très faciles à diviser. Opérez en automne ou au printemps, à l'aide d'une fourche pour soulever la motte. Certains rhizomes, comme ceux du Bergenia, doivent être complètement enterrés, et seule la partie feuillue de la plante dépasse. D'autres, comme l'iris, préfèrent être partiellement exposés.

LES RHIZOMES À DIVISER
Anemone hupehensis
Bergenia
Iris
Schizostylis

1 ◁ Secouez la terre des rhizomes, puis séparez-les en sections faciles à manipuler. Au besoin, servez-vous d'un couteau.

2 ▷ Jetez les parties vieilles ou malades, et ne gardez que les parties saines portant des bourgeons. Coupez les bouts abîmés.

3 ▽ Sectionnez les racines d'un tiers et rabattez les feuilles des iris à 15 cm. Replantez-les à environ 12 cm de distance.

LES BULBES À DIVISER
Allium (certains)
Alstroemeria
Arum (certains)
Crinum (certains)
Crocus
Fritillaria
Galanthus
Gladiolus (certains)
Hyacinthus
Iris, Juno, I, reticulata (certains)
Lilium
Muscari
Narcissus
Nerine (certains)

79 LA DIVISION DES BULBES

Les bulbes produisent à leur base des rejetons, les bulbilles, qui fleurissent mal lorsqu'ils sont trop nombreux. Séparez-les du bulbe principal, replantez-les, et vous aurez ainsi de nouvelles plantes plus saines et plus vigoureuses. Opérez dès que le feuillage se flétrit.

1 Sortez les bulbes de la motte de terre, puis jetez les sujets morts ou malades.

2 Divisez les bulbes doubles et prélevez les gros bulbilles. Enlevez les écailles extérieures et replantez immédiatement.

80 LES BOUTURES DE JEUNES POUSSES

Le bouturage des pousses tendres de plantes vivaces ou d'arbustes est un procédé de multiplication courant. Au printemps, prélevez à l'aide d'un couteau affûté une bouture de 7 à 12 cm dans la partie supérieure d'une tige, en coupant sous le nœud d'une feuille. Pincez la paire de feuilles la plus basse.

1 Disposez un grillage sur un flacon rempli d'eau. Glissez la bouture dedans et placez le flacon à la lumière.

2 Quand les racines se sont bien développées, repiquez-les en pot, dans un bon compost.

LES PLANTES CONCERNÉES
Abutilon
Clématite
Forsythia
Fuchsia
Hydrangea
Impatiens (certaines)
Lonicera
Lupin
Parthenocissus (vigne vierge)
Pelargonium
Viburnum (viorne)

81 Les boutures semi-ligneuses

C'est dans la deuxième moitié de l'été que l'on prélève des boutures sur les arbres, les arbustes et les rosiers. Choisissez, parmi les pousses de l'année, des tiges latérales saines, dont la base est légèrement ligneuse et dont l'extrémité est tendre. Comme pour les autres boutures, protégez-les de la déshydradation en les plaçant dans un sac en plastique avant de les utiliser, et coupez les grandes feuilles en deux dans la largeur lors de la mise en terre.

1 ◁ Prélevez plusieurs boutures de 7 à 15 cm dans une même tige, en coupant toujours sous un nœud. Enlevez une bande d'écorce de 2 à 4 cm à la base de chaque bouture, sur le côté.

2 ◁ Trempez la base des boutures dans une poudre d'hormones de bouturage. Repiquez-les, au plantoir, dans une terrine remplie de compost de bouturage ou de terreau universel, et mettez-les en serre ou sous un châssis.

3 △ Une fois les boutures bien enracinées, sortez-les doucement de terre et repiquez-les dans des pots individuels. Exposez-les progressivement au froid avant de les installer à l'extérieur, dans leur pot ou en pleine terre.

Les Plantes Concernées

Abutilon	*Clématite*	*Lavande*
Andromède	*Cyprès*	*Mahonia*
Aucuba	*Cytise*	*Rhododendron*
Berberis	*Daphne*	*Seringat*
Camélia	*Deutzia*	*Skimmia*
Céanothe	*Eleagnus*	*Viburnum*
Choisya	*Ilex* (houx)	(viorne)
Cistus	*Juniperus*	*Weigelia*

82 LES BOUTURES DE RACINES

En automne ou au début du printemps, sortez de terre les jeunes plants au repos et démêlez les racines. Pour les plantes plus fortes, laissez la plante en terre et découpez seulement une partie des racines. Prélevez des racines de 5 mm au moins de diamètre, proches de la tige centrale, puis supprimez les radicelles latérales. Les boutures devant mesurer entre 5 et 15 cm de long, vous pouvez en prélever plusieurs à partir d'une seule racine.

1 ◁ Coupez l'extrémité supérieure de la racine à angle droit, et l'autre extrémité en biais. Procédez ainsi tout le long de la racine.

Espacez les boutures de 5 cm environ.

2 △ Enfoncez les boutures dans le compost, côté biseauté au fond et côté plat affleurant juste à la surface. Couvrez de 3 mm de sable.

LES PLANTES CONCERNÉES

Acanthe	*Erodium*
Aesculus parviflora	Gypsophile
Anemone et hybrides	Pavot d'Orient
Aralia	*Phlox*
Campanule	Sumac
Clerodendron	*Trollius*
Echinops	*Verbascum* (molène)

83 LE MARCOTTAGE

Ce procédé permet de multiplier un grand nombre d'espèces ligneuses communes (arbres, arbustes ou plantes grimpantes). Il consiste à couvrir de terre un morceau d'une branche ou d'une tige non coupée. Opérez entre l'automne et le printemps, en choisissant une tige suffisamment souple pour pouvoir l'approcher du sol. La méthode décrite ci-dessous est l'une des plus simples.

1 ◁ Coupez le bout de la tige en biseau, puis incisez la tige sur la moitié de sa longueur pour former une langue.

2 ▷ Trempez l'extrémité de la marcotte dans des hormones d'enracinement en poudre. Assurez-vous que la poudre pénètre bien dans l'incision.

3 ◁ Enfoncez la marcotte dans un pot de compost. Maintenez en place avec du fil de fer. Quand elle est enracinée, vous pouvez rempoter.

LES PLANTES CONCERNÉES

Andromède du Japon	*Fothergilla*
Aucuba	Glycine
Chèvrefeuille	Lilas
Cognassier du Japon	Magnolia
Erica (bruyère d'hiver)	Passiflore (la plupart)
	Rhododendron
	Rosier

84 LES BOUTURES LIGNEUSES

Beaucoup d'arbustes à feuilles caduques ou persistantes, ainsi que certains arbres à fruits rouges, peuvent être multipliés. Il faut pour cela prélever des boutures entre le milieu de l'automne et le début de l'hiver, sur des rameaux forts et ligneux de l'année. Pour les espèces caduques, attendez que les feuilles soient tombées. Vous conserverez les boutures dans une tranchée que vous aurez préalablement préparées ou bien vous les mettrez dans des pots sous abri. Comptez environ six à douze mois pour une bonne production de racines.

LES PLANTES CONCERNÉES
Buddleia
Buis
Forsythia
Fusain
Groseillier
Kerria
Saule
Seringa
Spirée
Weigelia

Coupez à angle droit au-dessus de deux yeux opposés.

1 △ Coupez le rameau à angle droit au-dessus de deux yeux opposés, ou en biseau au-dessus de deux yeux alternés. Supprimez les feuilles, coupez le bois tendre au sommet du rameau.

2 △ Fragmentez le rameau en tronçons de 15 cm. Trempez la base des boutures dans une poudre d'hormones d'enracinement.

3 △ Plantez les boutures dans des pots remplis de compost de bouturage, en laissant dépasser 3 à 5 cm de rameau. Étiquetez et placez les pots sous abri.

LES PLANTES EN POT

POTS DANS UNE SEMI-OMBRE

85 UN JARDIN EN POT

Égayez votre cour, votre terrasse ou votre balcon avec des pots de fleurs aux couleurs vives. N'hésitez pas à les déplacer, c'est tout l'intérêt de ce type de culture. Placez les pots ou les bacs bien en vue en pleine floraison, puis installez-les à l'arrière-plan une fois les fleurs fanées. La culture en pot vous permettra également de profiter de plantes ne supportant pas la terre de votre jardin, si elle est trop calcaire par exemple.

86 LE CHOIX DU POT

Les pots doivent être suffisamment grands pour permettre aux racines de se développer, mais ils ne doivent pas être non plus trop gros ni trop lourds afin que vous puissiez les déplacer facilement. Sachez toutefois que la terre sèche plus vite dans les petits pots.

▷ Il existe plusieurs tailles de paniers à suspendre. Choisissez un modèle en métal plastifié.

▽ Les demi-fûts en bois protègent bien la plante du froid en hiver, mais demandent de l'entretien et sont lourds à déplacer.

▽ Les jardinières en plastique sont légères, bon marché et faciles à entretenir. D'autre part, elles supportent bien les intempéries.

△ Les pots en terre cuite, souvent du plus bel effet, conviennent à tous les climats. Ils sont stables, mais plutôt lourds.

87 LE DRAINAGE

Un bon drainage est essentiel à la santé des plantes en pot. En effet, si l'eau stagne, les racines détrempées finissent par pourrir. Vérifiez que vos pots sont correctement percés pour laisser l'excédent d'eau s'écouler, et au besoin ajoutez quelques trous supplémentaires. Veillez aussi à ce que les déchets végétaux ne les obstruent pas.

PIEDS ET SOUCOUPES
Mettez des pieds en terre cuite ou en porcelaine sous les pots pour que les déchets du jardin n'obstruent pas les trous de drainage. Les soucoupes, elles, retiennent l'eau et empêchent un bon drainage.

PERCEZ DES TROUS
Vérifiez que les trous dans votre pot ont bien été faits, sinon pratiquez vous-même quelques trous à l'aide d'une perceuse.

AIDEZ AU DRAINAGE
Créez une litière de drainage, avant la mise en pot, en plaçant des débris de terre cuite ou des sachets de thé usagés au fond du pot.

SURÉLEVEZ
Posez le conteneur, ici un tonneau, sur une paire de briques par exemple, pour le surélever et laisser les trous de drainage libres.

88 LE SUBSTRAT DE PLANTATION

La tourbe et ses substituts font un compost efficace pour une plantation provisoire, mais ont le défaut de se dessécher vite. À l'inverse, les composts à base de terreau retiennent bien l'eau, mais ont une fâcheuse tendance à devenir trop compacts. Selon le cas, apportez un engrais à diffusion lente pour nourrir régulièrement la plante, ou ajoutez des granulés d'argile. Ces derniers absorbent l'humidité et la restituent au fur et à mesure que le compost sèche.

△ ENGRAIS À DIFFUSION LENTE

△ TERREAU

△ TOURBE

△ COCO

△ GRANULÉ D'ARGILE

89 LA MÉTHODE DE PLANTATION

La méthode est la même, quel que soit le conteneur choisi (ici, une jardinière). Commencez par désinfecter l'intérieur du conteneur, puis rincez-le soigneusement. Arrosez les plantes, le compost et le conteneur, s'il est poreux.

1 △ Remplissez la jardinière à mi-hauteur de compost mélangé avec des granulés d'argile et d'engrais à diffusion lente. Sortez les plantes de leur pot.

2 △ Dégagez avec précaution quelques racines, puis placez les plantes dans la jardinière, en positionnant le collet de chacune d'elles à 1 cm en dessous du bord.

3 △ Ajoutez du compost entre les pieds, tassez les mottes. Arrosez, laissez reposer, puis bouchez les trous éventuels avec du compost.

▽ UNE PROFUSION DE FLEURS
Les pots et les jardinières ont meilleure allure lorsque les plantes sont peu espacées et donnent une floraison compacte et abondante. Arrosez, apportez de l'engrais et coupez les fleurs fanées régulièrement.

Placez les plantes tombantes sur les côtés.

90 LES JARDINS SUSPENDUS

Rien ne vaut un panier fleuri suspendu pour égayer les murs de la maison ou du garage, éclairer un porche ou un balcon. Choisissez un coin abrité, et respectez les conseils de plantation habituels. Arrosez et fertilisez fréquemment, et le résultat sera magnifique. Évitez les paniers trop petits ; les plantes s'y dessèchent plus vite.

1 △ Tapissez entièrement l'intérieur du panier de sphaigne (mousse des marais).

2 △ Disposez un plastique par-dessus, que vous percerez de trous sur son pourtour pour faciliter le drainage.

3 △ Pour planter à travers le fond, enveloppez d'abord chaque pied dans un cône de plastique.

4 △ Percez des trous au fond du panier, puis introduisez dans chacun d'eux, une plante enveloppée dans son cône de plastique. Enlevez le plastique.

5 ▽ Superposez ainsi plusieurs couches de plantes à port tombant, séparées par du compost. Terminez par une dernière couche bien touffue. Accrochez le panier, arrosez généreusement.

LE REVÊTEMENT

La mousse, le feutre, le carton et le coco peuvent remplacer le plastique à l'intérieur du panier.

La Pelouse

91 Semer du gazon

Si vous semez vous-même votre gazon, cela vous reviendra moins cher que de l'acheter en rouleau, mais vous devrez attendre dix semaines avant de pouvoir marcher dessus. Choisissez une variété adaptée à votre jardin et à l'utilisation que vous comptez en faire.

Commencez par débarrasser le sol des déchets et des mauvaises herbes, bêchez, apportez de l'engrais et tassez au rouleau. Placez des repères à égale distance les uns des autres.

■ Semez par temps chaud et humide, en automne ou au début du printemps.

1 △ Tassez le sol. Plantez des chevilles à intervalles réguliers, sur des rangs parallèles, en marquant sur chacune la hauteur de gazon désirée. Vérifiez au niveau que le plan est bien horizontal.

2 △ Ratissez la terre de façon à la faire affleurer au niveau des repères. Une fois le sol égalisé, enlevez les repères, passez le rouleau, puis incorporez à l'aide d'un râteau un engrais en granulés.

3 △ Délimitez une aire d'1 m² avec des pots. Pesez la quantité de graines nécessaire, et semez régulièrement. Procédez de même sur toute la surface.

4 △ Recouvrez les semences d'une fine couche de terre, toujours à l'aide d'un râteau. Arrosez en pluie fréquemment.

92 LE GAZON EN BANDES

Le gazon en bandes est doublement avantageux : l'effet est immédiat et vous pourrez en profiter avant deux mois. Choisissez un gazon de bonne qualité, adapté à votre jardin et à vos activités. Comme dans le cas précédent, n'oubliez pas qu'une bonne préparation est la clé de la réussite. Enfin, placez les plaques de gazon dans les 48 heures après l'achat.

■ Le gazon en bandes peut être posé à tout moment de l'année, sur un sol humide. Évitez les périodes de froid, de sécheresse, d'humidité ou de chaleur excessives.

RHIZOMES ET STOLONS
Dans les régions chaudes, on utilise plutôt des rhizomes ou stolons de gazon, ressemblant à de longs brins d'herbes, à la place des bandes traditionnelles. À mettre en place vers la fin du printemps ou le début de l'été.

1 Les bandes de gazon sont livrées en rouleau ou par dalles. Si vous ne les utilisez pas tout de suite, étalez-les et arrosez-les copieusement.

2 Déroulez le premier rouleau le long d'un bord droit de la pelouse. Procédez de même pour les autres, en faisant se chevaucher les extrémités.

3 Tassez avec le dos du râteau. Bouchez les trous avec une fumure à base de sable. Arrosez régulièrement.

93 L'ENTRETIEN

Si vous voulez garder une pelouse grasse et verte, un apport régulier d'engrais est indispensable. Choisissez un fertilisant contenant un herbicide et un produit contre les mousses. Respectez le dosage indiqué sur le paquet, et arrosez généreusement.

■ Apportez un engrais hyperazoté au printemps ou au début de l'été puis, au début de l'automne, un mélange d'azote, de phosphate, de potasse et de fer, après avoir scarifié et aéré la pelouse (*voir p. 68 et 69*).

ENGRAIS EN GRANULÉS
Saupoudrez les granulés sur une aire d'1 m², délimitée par quatre pots retournés.

94 Les mauvaises herbes

Même les pelouses les mieux entretenues ont des mauvaises herbes. Il est possible d'enlever à la main les plus grandes, dès qu'elles apparaissent et sans attendre qu'elles prolifèrent, mais les herbicides chimiques restent la meilleure solution. Utilisez un désherbant sélectif ne s'attaquant pas au gazon, mais seulement aux adventices.

Le dosage et la méthode d'utilisation varient selon les produits : lisez bien les instructions données sur l'emballage.

- Épandez le désherbant au printemps ou en été, en même temps que l'engrais ou juste après.

Brunelle

Arracher les pissenlits
Soulevez la plante à l'aide d'un couteau, puis arrachez-la entièrement, racines comprises. Remettez la terre en place en tassant.

Les jeunes pelouses
Attendez six mois avant de traiter une jeune pelouse à l'herbicide.

95 Les problèmes courants

- La mousse : épandez du sulfate de fer à l'automne, puis éliminez la mousse brûlée au râteau. Aérez régulièrement (*voir p. 68*) et fumez (*voir p. 69*).
- Les taupes : elles sont responsables des fameuses taupinières. Mettez des pièges ou faites-les fuir à l'aide de fumigènes.
- Les larves de tipule : le gazon se couvre de taches brunes au milieu de l'été, les vers devenant visibles après la pluie. Arrosez la pelouse et couvrez-la d'un plastique noir pendant un jour ou deux pour amener les larves à la surface. Retirez le plastique et détruisez les larves. Traitez à l'aide d'un insecticide adapté au début de l'automne.
- La sécheresse : la pelouse est alors décolorée partout ou par endroits. Arrosez-la fréquemment, apportez de l'engrais en soirée et tondez-la moins ras que d'habitude.
- La moisissure blanche : des plaques jaunâtres apparaissent, doublées par temps humide d'une moisissure blanche ou rose. Aérez et scarifiez régulièrement (*voir pages suivantes*), traitez à l'aide d'un insecticide adapté.

Chiens
Des taches brunes sur une pelouse peuvent être dues à l'urine des chiens.

96 LA TONTE

Laissez une hauteur de 1 à 3 cm de gazon lorsque vous tondez. La tondeuse rotative convient à la plupart des jardins, mais si vous souhaitez une pelouse parfaite, optez plutôt pour un modèle à cylindre.

■ Tondez fréquemment (une fois par semaine au moins en été), sauf si l'herbe est très mouillée, si le temps est excessivement chaud ou sec, ou s'il gèle.

LES BIENFAITS DE LA TONTE
Une tonte régulière est essentielle à la santé et à la beauté du gazon. Elle encourage une repousse bien dense, laquelle prévient à son tour l'apparition de la mousse et des mauvaises herbes.

97 L'ENTRETIEN DES BORDURES

Aussi bien entretenue que soit votre pelouse, l'effet en sera gâché si vous ne soignez pas également les bordures. Servez-vous de cisailles à bordures. Vous pouvez aussi vous aider d'un élagueur à corde de nylon : cette méthode est plus rapide, mais les bords seront moins nets. Si les bordures s'effondrent ou deviennent trop irrégulières, retaillez-les à l'aide d'un coupe-bordure en demi-lune. Affûtez régulièrement vos outils, et tenez-les à la verticale pour couper bien droit.

■ Taillez les bordures de votre pelouse régulièrement, et entretenez-les une à deux fois par an.

COUPER LES BORDS
Coupez l'herbe dépassant des bordures à l'aide d'une cisaille à long manche, que vous tiendrez bien droite. Vous pouvez aussi utiliser un élagueur en nylon à tête ajustable.

UNE BORDURE BIEN DROITE
Redessinez les bordures irrégulières à l'aide d'un coupe-bordure en demi-lune. Prenez une planche comme guide, et coupez bien verticalement.

Aérer
Enfoncez les dents de la fourche sur une profondeur de 10 cm et basculez-la d'avant en arrière.

98 L'aération du gazon

Lorsque le gazon devient trop compact, surtout si le temps est très humide, il risque de perdre de sa vigueur et de laisser la mousse proliférer. L'aération de la pelouse, en améliorant le drainage, favorise une croissance saine et vigoureuse. Procédez à l'opération tous les deux ou trois ans, ou une fois par an pour les pelouses très sollicitées. Servez-vous d'une fourche ou, pour les grandes surfaces, d'un aérateur à dents creuses (ou scarificateur).

■ Aérez le gazon en automne, après avoir tondu, puis appliquez une fumure (*voir page ci-contre*).

99 La scarification

Lorsqu'on n'y prend pas garde, les déchets organiques s'accumulent, gênant la circulation de l'air et empêchant l'eau et l'engrais de parvenir jusqu'aux racines du gazon. La scarification consiste à enlever ces déchets : elle éclaircit la pelouse et stimule la repousse. Éliminez radicalement la mousse au préalable, sinon ses spores risquent de se propager et d'aggraver la situation.

■ Scarifiez en automne, lorsque la terre est tout juste humide.

△ **Après la Scarification**
La pelouse semble toujours en piteux état après l'opération, mais vous serez récompensé au printemps.

▷ **La Méthode**
Ratissez vigoureusement le sol à l'aide d'un balai à gazon. N'ayez pas peur de griffer la terre.

100 LE FUMAGE

La mauvaise santé des pelouses est souvent due à un manque de drainage. Vous pouvez l'améliorer en introduisant un peu de fumure dans les trous après l'aération. Achetez une fumure prête à l'emploi, ou composez-la vous-même à partir des ingrédients ci-dessous.

- Fumez à l'automne, de préférence par temps sec.

△ 6 MESURES DE SABLE FIN HORTICOLE

▷ 3 MESURES DE TERREAU TAMISÉ DE QUALITÉ

△ 1 MESURE DE MATIÈRE ORGANIQUE BIEN DÉCOMPOSÉE

△ L'ÉPANDAGE *Dispersez la fumure au-dessus de la pelouse, puis faites-la pénétrer en la brossant avec un balai de jardin.*

101 LA RÉNOVATION DU GAZON

Les pelouses sont souvent mises à rude épreuve, notamment par les enfants ou les animaux. Vous devez entretenir soigneusement votre gazon et intervenir sans tarder en cas de problème. Si vous avez besoin de resemer ou de remplacer certaines bandes, utilisez toujours la variété d'origine.

- Rénovez le gazon au printemps, à la fin de l'été ou au début de l'automne.

RÉPARER UNE BORDURE
Il suffit d'une bordure endommagée pour gâcher l'aspect d'une pelouse. Heureusement, les zones de petite taille sont facilement réparables.

1 Découpez un rectangle autour de la partie abîmée. Retournez-le face contre terre et tassez soigneusement.

2 Bouchez l'endroit abîmé avec un mélange de terreau et de sable, puis resemez. Arrosez généreusement.

LES AIRES DE JEUX
Il est possible de protéger le gazon très exposé d'une aire de jeux, sous une balançoire par exemple, en disposant un filet robuste sur le sol, fixé par quelques cavaliers.

INDEX

Crédits Photographiques

Photographies
L'ensemble des photographies a été réalisé par Peter Anderson, Jerry Harpur, Stephen Hayward, Jane Stockman, Matthew Ward, Steven Wooster et Jerry Young excepté Eric Crichton Photos 37h.

Illustrations
L'ensemble des illustrations a été composé par Kuo Kang Chen, Karen Cochrane et John Woodcock.